아빠와 딸,
조용히 서재로 숨다

아빠와 딸, 조용히 서재로 숨다

책 읽고 글쓰기에 빠진 부녀의
'180일 작가 프로젝트'

초 판 1쇄 2025년 06월 26일

지은이 친절한 기훈씨
펴낸이 류종렬

펴낸곳 미다스북스
본부장 임종익
편집장 이다경, 김가영
디자인 윤가희, 임인영
책임진행 김요섭, 이예나, 안채원, 김은진, 이예준

등록 2001년 3월 21일 제2001-000040호
주소 서울시 마포구 양화로 133 서교타워 711호
전화 02) 322-7802~3
팩스 02) 6007-1845
블로그 http://blog.naver.com/midasbooks
전자주소 midasbooks@hanmail.net
페이스북 https://www.facebook.com/midasbooks425
인스타그램 https://www.instagram.com/midasbooks

ⓒ 친절한 기훈씨, 미다스북스 2025, *Printed in Korea.*

ISBN 979-11-7355-290-8 03590

값 20,000원

※ 파본은 구입하신 서점에서 교환해드립니다.
※ 이 책에 실린 모든 콘텐츠는 미다스북스가 저작권자와의 계약에 따라 발행한 것이므로 인용하시거나 참고하실 경우 반드시 본사의 허락을 받으셔야 합니다.

미다스북스는 다음세대에게 필요한 지혜와 교양을 생각합니다.

아빠와 딸,
조용히 서재로 숨다

책 읽고 글쓰기에 빠진 부녀의
'180일 작가 프로젝트'

친절한 기훈씨 지음

미다스북스

추천사

일상의 작은 행복이 가장 필요한 현재 가장 필요한 책으로 읽히기를 희망합니다. 저자를 개인적으로 잘 알고 있는 사람들에게는 이 책은 저자의 따뜻한 마음이 그대로 드러나 있음을 확인할 수 있습니다. 이 책을 통해서 저자와 처음 접하는 독자들, 특히 자녀를 키우고 있는 아버지들은 자신 역시 친절한 아빠가 되길 희망할 것입니다. 저자가 자녀와 함께 써내려 온 따뜻한 기록이 많은 독자들과 함께 공유되었으면 하는 작은 마음으로 이 책을 추천합니다. "삶을 글로 써내려 온 저자와 자녀"의 소소한 일상의 여정에 함께해 주세요.

_ **모춘흥** 한양대학교 평화연구소 교수

"조용한 다짐들이 모여, 마침내 한 권의 책이 되었습니다." 삶을 대하는 태도를 조금씩 변화시키며, 크고 작은 것들이 서서히 달라지기 시작했습니다. 책을 읽고, 하루 한 문장을 쓰고, 새벽을 걷고, 딸과 나눈 대화를 마음에 새기며 그는 자신을 변화시키기 위해 노력하였습니다. 그 작은 실천들이 쌓여 어느새 한 사람의 삶을 바꾸었고, 결국 이렇게 한 권의 책으로 완성되었습니다.

『아빠와 딸, 조용히 서재로 숨다』는 거창한 성공담이 아니라, 일상을 진심으로 대하고 스스로를 돌보며 살아낸 기록입니다. 작가가 되고 싶다는 오래된 마음, 딸과 더 가까워지고 싶다는 소망, 그리고 자신을 잃지 않기 위한 글쓰기, 그 모든 진심이 이 책 속에 조용히 녹아 있습니다. 딸과 함께 만든 동화책, 끝까지 이어온 블로그 글쓰기, 반복되는 일상 속에서 놓치지 않으려 한 감정들. 그 모든 장면은 이 책 안에서 담담하지만 깊은 울림으로 살아 숨 쉽니다. 지금 우리가 하고 있는 작고 소중한 노력들이, 언젠가는 삶의 방향을 바꿀 수 있다는 것. 이 이야기가 누군가에게는 조용한 시작의 용기가 되어주기를 바랍니다.

_ **심재웅** 상명대학교 전기공학전공 교수

무너진 일상 속에서 딸과 함께 글을 쓰며 다시 일어선 아빠의 여정이 담담하면서도 따뜻하게 펼쳐집니다. 가족, 회복, 성장을 동시에 품은 이 이야기는 우리에게 삶의 방향을 되묻기도 합니다. 뿐만 아니라 글쓰기에 관한 풍부한 인사이트가 담겨 있어 나를 되찾고 싶은 이 시대의 부모에게, 아이와 함께 의미 있는 시간을 만들고 싶은 이들에게 강력 추천하고 싶은 책입니다.

_ **리치파카** 『부자들의 서재』 저자, 17만 인플루언서

이 책은 아빠와 딸이 함께하는 글쓰기를 통해 서로의 마음을 이어가며, 스스로를 발견하는 과정을 따뜻하게 그려내고 있습니다. 멈추지 않고 쓰고자 하는 마음이 얼마나 큰 힘을 가지는지, 그리고 그 과정에서 어떻게 자신과의 약속을 지키는지를 보여줍니다. 글을 통해 자신을 찾아가고자 하는 모든 분께 이 책을 추천드립니다. 잔잔하지만 깊은 울림을 주는 여정에 동참해 보세요. 각자가 간직하고 있는 오랜 꿈을 다시금 꺼내볼 용기를 주는 책입니다.

_ **부아c**

『부의 통찰』, 『부를 끌어당기는 글쓰기』, 『마흔, 이제는 책을 쓸 시간』 저자, 35만 인플루언서

현시대를 살고 있는 사람들은 쇼츠나 유튜브에 길들여져 자극적인 영상을 매일 보고 있는데요, 도파민 중독이라 생각합니다. 그래서인지 혼란스럽고, 불안한 마음이 사람들을 더 자극적으로 변하게 하는 것 같습니다. 이 책은 불안정한 시대에 작은 햇살 같습니다. 마치 '글쓰기'는 개인 내면을 강화시켜주는 도구 같습니다. 작가님의 글을 읽고 느낀 점은 '글쓰기'가 주는 이로움이 이렇게나 많구나라는 생각을 했습니다. 학창 시절에 썼던 '일기'가 주는 즐거움을 잊고 살았는데, 그때에 기억과 감정이 슬그머니 올라오네요. 작가님에 경험담을 녹여 낸 이 책은 꾸밈없어 좋았고, 포장되지 않아 좋았습니다. 완벽하게 쓰기보다는 지속성이 중요하다는 말은, 간결하지만 깊은 울림이 있었습니다.

_ Kakao william

프롤로그

다시 들려온
20년 전의 메시지

 책상 위에는 출간 계약서가 놓여 있었습니다. 마침내 내 이름으로 된 책이 세상에 나오는 순간이었지만, 저는 한동안 서명을 하지 않고 가만히 앉아만 있었습니다. 이게 진짜 나한테 일어난 일인가 싶었습니다. 괜히 머뭇거리다가, 손이 가는 대로 파울로 코엘료의 『연금술사』를 꺼내 들었습니다. 책장을 넘기다 우연히 멈춘 페이지엔, 낡은 네잎클로버 하나가 말없이 꽂혀 있었습니다. 조금 오래된 느낌이었지만, 그 작은 잎은 20년 전의 저를 고스란히 데려왔습니다. 책장을 멈춘 그 자리에서, 잊고 있던 꿈 하나가 조용히 말을 걸어왔습니다.

 20대 시절 아무것도 이루어 놓지 못한 저는 앞길이 막막하고 두려웠습니다. 그때 『연금술사』를 읽다가 "사람이 어느 한 가지 일을 소망할 때 천지간의 모든 것들은 우리가 꿈을 이룰 수 있도록 뜻을 모은다."라는 구절을 발견했습니다. 그 문장을 읽고 저는 네잎클로버를 책 속에 꾹 눌러 넣으며, 다짐했습니다. "나도 언젠가는 작가가 될 거야." 그렇게 마음속에 묻어 두었던 20대의 꿈이, 20년의 시간을 건너 다시 눈앞에 펼쳐졌습니다. 그 순간, 저는 조용히 책을 덮고 그때의 저에게 "여기까지 오느라 고생 많았어. 그래도 멈추지 않고 잘 와 줬구나."라고 말했습니다. 그렇게 세상을 두려워하던 어린 20대의 저는, 지금 누군가에게 글로 위로를 건네는 40대가 되었습니다. 여전히 부족하고 서툴지만, 단 한 가지는 분명합니다. 저는 완벽하지 않더라도 쓰기를 멈추지 않았습니다. 그게 전부였습니다.

혹시 지금 이 글을 읽고 있는 당신도, 언젠가 내 책을 쓰고 싶다는 마음을 품고 있다면 전하고 싶은 말이 있습니다. 책을 낸다는 건 단지 출간이라는 결과물을 말하는 게 아닙니다. 그것은 자신과의 약속을 지켜내는 과정이자, 나를 믿는 연습입니다. 단 한 사람에게라도 글이 닿기를 바라는 마음, 내 이야기를 통해 누군가가 조금이라도 위로받기를 바라는 마음, 그런 마음이 하나둘 쌓여 결국 한 권의 책이 됩니다. 저도 처음에는 글쓰기가 어려웠습니다. 어떤 날은 썼다 지우기를 반복했고, 어떤 날은 한 문장을 붙잡고 몇시간을 시간을 망설였고, 완성보다 포기가 더 쉬운 날도 많았습니다. 하지만 끝까지 글을 완성하게 만든 건, 특별한 영감도, 거창한 각오도 아니었습니다. 그저 '오늘도 한 줄 써 보자'는 아주 사소한 약속 하나였을 뿐입니다.

  괴테는 완벽을 소망한다고 말했지만, 저는 이렇게 덧붙이고 싶습니다. "고민하며 시간을 흘려 보내느니, 어설프게라도 시작하는 것이 낫다." 책 한 권을 쓰는 일은 결코 쉽지 않습니다. 하지만 그것은 결국 '멈추지 않는 사람'에게 도달하는 길입니다. 저는 앞으로도 완벽한 작가가 되고 싶지 않습니다. 대신, 계속 쓰는 사람이고 싶습니다. 다시 쓰고, 다시 고치고, 다시 시작하더라도 계속 나아가는 사람으로 남고 싶습니다. 아마 그때도 부족하고 어설프겠지만, 여전히 쓰고 있다는 사실만으로 충분할 겁니다. 그래서 저는 책장을 덮으며 마지막 문장을 이렇게 마음에 새깁니다. 멈추지 않는 것이, 작가의 길이며, 인생이다.

목차

추천사 005
프롤로그 다시 들려온 20년 전의 메시지 009

1부
멈춰 있던 삶을 다시 움직인 독서

1. 어두운 터널 속, 멈춰 버린 하루 019
2. 아버지가 건넨 『생활의 발견』 024
3. 책 읽기가 만든 생각의 전환점 028
4. 내 삶에 스며든 성장의 법칙 032
5. 책 속에서는 주인공, 현실에선 엑스트라 036
6. 양질 전환, 350개의 이력서 040
7. 만화책 요리사와 영업 1등의 공통점 045
8. 말하지 못한 슬픔을 대신 말해 준 책 050
9. 글을 쓰며 나와 만나는 시간 054
10. 배움으로 말하는 어른 059

2부
아빠와 딸을 연결한 독서와 글쓰기의 힘

1. 회전목마 위의 우리 둘 065
2. 다정함은 체력에서 시작 069
3. 아이의 한마디 '아빠, 놀아 줘.' 075
4. 문해력 그건 나와 딸을 잇는 다리 079
5. 감자 하나로 시작된 우리 이야기 083
6. 시나모롤과 마이멜로디, 아이 글쓰기의 첫 친구 087
7. 『준치가시』는 딸의 첫 글쓰기 교과서 092
8. 아이의 문장에 피어난 생각의 꽃 096
9. 책이 머무는 공간, 아이가 머무는 마음 099
10. 작은 책 한 권이 만든 기적 103

3부
아이와 동화책 만들기

1. 아이의 그림 소재 모으는 법 109
2. 한 문장, 한 장면, 한 세계 113
3. 처음 써 보는 AI ChatGPT 프롬프트 116

4. 직접 그린 만화를 완성하는 ChatGPT 122
5. ChatGPT의 상상력으로 그림 그리기 125
6. 세 가지 소원이 말해 준 것 130
7. 식탁 위에서 시작된 동화 만들기 134
8. 지브리, 디즈니, 토이 스토리 스타일 등의 그림 138
9. 세상에 단 하나뿐인 동화책을 만드는 법 143
10. 동화책으로 시작된 작가라는 이름 153

4부
블로그는 글쓰기 무기를 만드는 곳

1. 치킨이 이끈 글쓰기 인생 159
2. 글 주제는 그냥 '잡탕 블로그' 164
3. 블로그는 나만의 글쓰기 연구소 168
4. 블로그 10분 글쓰기를 위한 7가지 전략 172
5. 나만의 콘텐츠 루틴 만들기 176
6. 삶의 글이 되는 쓰기 181
7. 시간만 지연되는 글쓰기의 시간이 올 때 187
8. 생각을 확장하는 글쓰기 192
9. 더 나다운 의식하지 않는 글쓰기 197
10. 글 한 줄이 바꿔놓은 마음의 방향 202

5부
작가가 된다는 것, 180일의 여정

1. 글을 쓰며 만드는 자아실현의 꽃 209
2. 15일 만에 완성하는 나만의 전자책 215
3. 전자책 한 권, 꼭지 20개로 시작 219
4. 흔들리는 마음 위에 쓴 글 223
5. 나를 브랜딩하는 가장 현실적인 방법 227
6. 세 명의 작가에게 배운 출간 노하우 232
7. 출간 계획서는 작가로 향하는 첫 문 237
8. 첫 출판사 미팅에서 피드백을 받은 날 242
9. 나를 단련시킨 전자책과 종이책 246
10. 매일 한 줄로 쌓아 올린 작가라는 이름 251

에필로그   우리가 함께 쓴 가장 따뜻한 기록 255

부록 1   하루씩 쌓인 이야기, 30일의 기록 258
부록 2   아이와 함께 만든 동화책 : 반짝반짝 보석 이야기 272
부록 3   주요 출판사 투고 리스트 279

1부
멈춰 있던 삶을 다시 움직인 독서

"세상은 지금 내가 보고 있는
이 좁은 시야보다 훨씬 넓고,
내가 아직 도달하지 못한
수많은 가능성이 있다."

어두운 터널 속,
멈춰 버린 하루

 어느 평범한 주말, 저희 가족은 과천 대공원으로 나들이를 가고 있었습니다. 아이들은 뒷자리에서 노래를 부르며 신이 나 있었고, 저는 평소처럼 운전대를 잡고 있었죠. 아내는 간단한 간식을 챙겨왔고, 저는 라디오를 틀어놓은 채 익숙한 길을 달렸습니다. 광명을 지나 강남순환도로 관악터널에 들어서는 순간, 숨이 턱 막히고 심장이 거칠게 뛰기 시작했습니다. 온몸에 식은땀이 흐르고, 눈앞이 점점 흐려졌습니다. 마치 진공 속에 갇힌 듯한 기분이었습니다. 한순간에 세상이 멈춘 듯한 감각이 몰려왔습니다. 코너를 돌기 위해 핸들을 잡았지만, 팔이 뜻대로 움직이지 않았습니다. 마치 내 몸이 내 것이 아닌 듯, 차는 천천히 차선을 벗어나고 있었습니다. 제 머릿속은 공포로 가득했지만, 차 안은 여전히 평화롭기만 했습니다. 아내와 두 딸의 웃음소리가 이어졌고, 저는 그 순간 마음속으로 기도했습니다. "제발, 아무 일도 없게 해달라고…."

터널을 가까스로 빠져나오고 나서야 겨우 호흡을 가다듬을 수 있었습니다. 하지만 그건 단순한 놀람도, 불편함도 아니었습니다. 생애 처음 겪는 공포였습니다. 가족들이 위험하다는 신호와 여러 가지 생각들이 스쳐 지나갔습니다. 순간 너무나 두려웠고, 무슨 일이 벌어진 건지 저 자신도 알 수 없었습니다. 하지만 얼마 지나지 않아, 봉천터널이 다시 나타났습니다. 그 순간 저는 또다시 끝없는 공포 속으로 빠져들었습니다. 손에 땀이 맺히고, 가슴이 조여오고, 불안이라는 단어로도 설명되지 않는 감정이 저를 휘감았습니다. 한때는 출퇴근길로 익숙했던 도로가, 그날따라 낯설고 위협적으로 느껴졌습니다. 그날의 기억은 깊숙이 마음 한켠에 묻은 채, 저는 다시 아무 일 없다는 듯 일상으로 돌아갔습니다. 늘 그래왔듯이, 아무 일 없다는 듯 회사와 집을 오가며 바쁜 나날을 살아냈습니다. 그런 증상이 자주 다시 나타나 두려웠지만, 겉으로는 아무렇지 않은 척했습니다. 일터에서, 가정에서, 저는 여전히 '괜찮은 사람'이어야 했습니다.

그러던 어느 날 아침, 현관문을 여는 순간 숨이 가쁘고 어지럽고 복부에 격렬한 통증이 밀려왔습니다. 저는 그대로 그 자리에 주저앉았습니다. 멀리서 아내와 아이들의 울음소리가 들렸고, "여보! 아빠!"라는 외침이 메아리처럼 울려 퍼졌습니다. 정신이 아득한 가운데 저는 구급차에 실려 병원으로 향했습니다. 수액을 맞고 겨우 정신을 차렸을 때, 의사 선생님은 조심스럽게 말을 꺼냈습니다. "장에 심한 경련성 장애가 있었습니다. 단순한 복통이 아니라, 과도한 스트레스가 누적되면서 생긴 증상입니다. 지금은 반드시 충분한 휴식과 안정이 필요합니다."

그제야 저는 제가 인생을 무리하게 살아왔다는 것을 알게 되었습니다. 누구보다 먼저 출근하고, 누구보다 늦게 퇴근하며, 여름휴가조차 반납했던 지난 몇 년. 저는 '예스맨'이라는 이름표 아래, 무너지는 것도 몰랐습니다. 겉으로는 성공한 직장인처럼 보였고, 실제로도 빠르게 커리어를 쌓아갔습니다. 영업사원으로 시작해 1년 만에 팀장으로 승진하며 후배들을 관리하게 되었고, 이후 회사 영업점의 점장, 16개의 매장을 관리하는 슈퍼바이저, 본사 사업부 팀장까지 속도감 있게 커리어를 발전시켰습니다.

그 후 후배 양성에도 힘써, 많은 영업사원들을 본사와 현장의 팀장들로 길러냈습니다. 회사에서는 열심히 일하는 여러 인재 중 한 명으로 저를 선정해 교육 영상으로 촬영도 하고, 전사 미팅에서는 대표님을 비롯한 임직원 앞에서 발표할 기회도 주어졌습니다. 그 시절을 저는 '제 인생의 봄날'이 왔다고 믿고 있었습니다. 하지만 지금 돌아보면, 그때가 오히려 가장 위태로운 시기였는지도 모르겠습니다. 겉으로는 반짝였지만, 속은 이미 무너지고 있었습니다.

그날 이후, 저는 조금씩 삶의 속도를 늦추었습니다. 처음에는 아무것도 하기 싫었지만, 몸과 마음을 가만히 두는 것도 고통스러웠습니다. 어쩌면 무의식적으로 바깥 공기를 쐬고 싶었던 것 같습니다. 처음엔 집 앞을 무의미하게 걸었고, 이어폰을 낀 채 아무 목적 없이 발걸음을 옮겼습니다. 그 조용한 발걸음이 이상하게 위로가 되었습니다. 새벽 5시에 일어나 걷기를 시작하면서, 몸은 피곤했지만 걸을수록 마음은 조금씩 가라앉았습니다. 주말처럼 시간이 여유로운 날엔 걷기에 더 많은 시간을 들였습니다. 한 시간쯤 걷고 나면 생각이 정리되었고, 두 시간을 채우고 나면 무겁던 마음이 잠시라도 떠나는 기분이 들었습니다.

그렇게 걷기를 이어가던 어느 날 아침, 도서관 앞을 지나던 순간 문득 멈춰 섰습니다. "나는 진짜 무엇을 위해 살고 있나?"라는 생각과 함께 어렸을 때의 나를 잠시 회상했습니다. 거기에는 『생활의 발견』이라는 중국 철학가 임어당의 책 한 권이 떠올랐습니다. 어린 시절, 아버지가 건네주셨던 그 책. 그 안에서 나는 비로소 '삶을 대하는 태도'라는 질문을 처음 받았습니다. 그리고 다시, 지금 그 질문 앞에 서 있는 나를 마주했습니다.

아버지가 건넨
『생활의 발견』

    아버지께서는 제가 중학교에 입학할 무렵 "6년만 고생하면 너의 인생이 달라질 거다."라고 말씀하셨습니다. 하지만 당시에는 그 말의 무게를 잘 이해하지 못했습니다. 오히려 그 문장은 막연하고 멀게 느껴졌고, 사춘기의 저는 그런 충고보다 게임과 친구들과 시간 보내는 데 더 많은 관심을 쏟았습니다. 중학교, 고등학교가 중요한 시기였음에도 불구하고, 저는 공부보다 현실도피적인 즐거움에 익숙한 아이였습니다.

    그렇게 수능을 마치고, 홍성군에 있는 작은 지방 전문대에 입학했습니다. 목표도 열정도 없이, 그저 시간을 때우듯 무의미한 나날을 보냈습니다. 하루하루가 흘러가는 게 마치 내 삶이 멈춰 있는 것 같았고, 저는 점점 더 제 안의 가능성을 스스로 포기하고 있었습니다. 그러던 어느 날, 군에 입대하기 직전, 아버지께서는 말없이 책 한 권을 건네셨습니다. 임어당이라는 중국 철학자가 쓴 『생활의 발견』이라는 책이었습니다. 표지는 오래되어 종이 색은 누렇게 바래 있었지만, 이상하게 따뜻한 기운이 느껴졌습니다. 무엇보다 어떤 말보다 이 책을 먼저 내미셨다는 그 사실이 저에게는 더 큰 울림으로 다가왔습니다. 말 대신 건넨 한 권의 책. 그 침묵 속에는 아버지의 삶에 대한 태도, 그리고 아들을 향한 조용한 진심이 담겨 있었습니다.

책은 저에게 읽어도 무슨 말인지 잘 이해되지 않는 낯선 존재였습니다. 긴 문장을 따라가다 보면 집중력이 쉽게 흐트러졌고, '난독증'처럼 머릿속에 문장이 들어오지 않아, 책 읽기를 자주 포기하곤 했습니다. 하지만 『생활의 발견』은 조금 달랐습니다. 정확히 이해되지 않아도 손에서 쉽게 놓을 수 없었습니다. 이 책은 중국인의 철학과 인간 그리고 인생의 즐거움에 대해 이야기한 책이었습니다. '삶은 유쾌하고 단순하게, 그러나 의미 있게 살아야 한다'는 메시지가 조용히 가슴 어딘가를 건드렸죠. 책을 조금씩 읽어 나가며, 처음으로 이런 생각이 들었습니다. '나도 괜찮은 사람이 될 수 있지 않을까?' 그 믿음은 이후, 저를 책이라는 세계로 이끌었고, 군 복무 중에는 도서관에서 하루 한 권, 어떤 날은 두세 권씩 책을 읽었습니다. 그렇게 모은 독서량은 어느덧 2년 뒤 300권을 넘겼고, 책 속 세계는 제 생각의 폭을 조금씩 넓혔습니다.

처음에는 막연히 위로를 찾기 위해 책을 펼쳤지만, 시간이 갈수록 책은 삶의 방향을 조율하는 나침반이 되었습니다. 삶을 바라보고 살아가는 방법, 행복을 느끼는 방법, 인생을 즐겁게 마주하는 방법들이 책에서 비롯된 것이었습니다. 그 안에는 아버지의 침묵, 어른으로서의 태도, 그리고 제게 전하고 싶었던 삶의 방식이 담겨 있었습니다. 인생의 향연 파트에서는 "즐거움에는 여러 가지가 있다. 우리들 자신의 즐거움, 가정생활의 즐거움, 나무, 꽃, 구름, 흐르는 시내, 세찬 폭포수, 기타 삼라만상을 보는 즐거움, 또 그 어떤 형태의 마음의 교류, 시가, 미술, 사색, 우정, 담화, 독서의 즐거움 등이 그것이다. 맛있는 음식이나 유쾌한 파티나 가족의 단란이나 아름다운 봄날의 산놀이 따위의 즐거움처럼 명확한 것도 있고, 시가, 미술, 사색 따위의 즐거움처럼 그다지 명확하지 않은 것도 있다."라는 문단이 있었습니다. 지금까지 흘러오는 대로 살아왔던 저는 인생을 더 즐겁고 행복하게 살기 위해서 더 넓고 깊은 시각으로 세상을 바라보며 살아갈 수 있다는 생각이 들었습니다.

말보다 더 깊은 위로와 방향을 건넨 책 한 권은 지금도 제 책장 한쪽에 꽂혀 있습니다. 그 책을 볼 때면, 그 시절의 나와 아버지의 눈빛이 떠오릅니다. 어쩌면 우리는 모두 인생의 어떤 시점에, 그런 책 한 권을 기다리고 있는지도 모릅니다. 말 대신 전해진 마음, 고요히 삶의 결을 정돈해 주는 문장들. 아버지가 건넨 책은 저에게 그런 책이었습니다. 그 한 권이 제 삶의 방향을 잡아 주었고, 더 넓은 세상을 바라볼 수 있는 시야를 만들어 주었습니다.

책 읽기가 만든
생각의 전환점

  책을 읽기 시작하면서, 어느새 저는 책 속 주인공이 되어 있었습니다. 그들의 삶이 곧 제 이야기인 것처럼 느껴졌고, 가슴이 설렜습니다. 다음 장이 너무 궁금해서 밤잠을 설치는 날도 있었고, 현실은 그대로인데 마음속엔 무언가 끓어올랐습니다. "세상은 지금 내가 보고 있는 이 좁은 시야보다 훨씬 넓고, 내가 아직 도달하지 못한 수많은 가능성이 있다"고 책은 제게 말해 주었습니다. 어느 날은 책을 읽다가 다른 세상 속 주인공이 되는 상상을 하기도 했습니다. "영앤 리치가 되면 어떨까?", "내가 작가가 된다면 어떤 기분일까?", "서울에 있는 대학교를 다닌다면?"

  상상은 점점 현실처럼 느껴졌지만, 그 길은 결코 쉽지 않았습니다. 300권이 넘는 책을 읽었지만, 삶은 쉽게 바뀌지 않았습니다. 그저 '세상에는 내가 몰랐던 길이 너무나 많다'는 것을 알게 된 것뿐이었습니다. 깨달음만으로 삶은 바뀌지 않았습니다. 아무리 좋은 이야기를 읽어도, 그것이 행동으로 이어지지 않으면 결국 현실은 그대로입니다. 그러다 우연히 '공부를 잘하지 못했지만 끝내 좋은 대학교에 진학한 이야기'를 들었습니다.

학교를 복학한 저는 강의실에서 현실을 마주합니다. 컨닝 페이퍼로 시험을 치르고, 수업 시간 내내 게임만 하던 친구들을 보면서 문득 생각했습니다. 책 속에서 만났던 성공했던 사람들의 모습이 떠올랐습니다. 그들은 천재는 아니지만 자신을 바꾸기 위해 행동한 사람들이었습니다. 나도 바뀌어야겠다고, 그러기 위해서 실행해야겠다는 결심을 했고, 저는 100만 원을 가지고 무작정 서울로 상경했습니다. 종로에 고시원을 잡고, 편입 학원에 등록하면서 더 좋은 학교로 입학을 하기 위해 준비했습니다.

하지만 진단평가를 보니 제 영어 실력은 처참했습니다. 제가 아는 단어라고는 사과, 바나나 같은 초등학교 수준의 단어였는데, 편입 영어는 대학원 수준의 고난도 단어들로, 한글로도 보기 힘든 표현들이 많았습니다. 제 점수는 바닥이었고, 스터디를 해도 따라가지 못했지만 포기하지 않았습니다. 원하는 꿈이 있었기에, 실력이 늘지 않아도 멈추지 않았습니다. 그렇게 저는 인생의 첫 발걸음을 내디뎠습니다.

하지만 새로운 걸 시작할 때마다, "넌 안 돼!", "네가 될 거 같아?"와 같은 말들을 참 많이 들었습니다. 사람들은 제가 해보기도 전에 '안 된다'고 말했습니다. 대부분 그 판단은 저를 향한 평가절하였습니다. 그럼에도 불구하고 저는 계속했습니다. 결국 편입에 성공했고, 영업 성과를 냈고, 서울에 아파트를 샀고, 블로그에 글을 쓰며 두 권의 전자책을 세상에 내놓았습니다. 지금은 '작가'라는 타이틀로 종이책을 쓰며 새로운 도전을 준비 중입니다.

사람들은 왜 늘, 안 될 이유만을 먼저 말할까요? '안 된다'는 말을 하는 사람들을 곰곰이 생각해 보면, 대부분 그 일을 직접 해 본 적이 없는 사람들입니다. 그래서 그들은 두려움을 말로 감추려는 것이죠. 그럴 때마다 저는 정주영 회장님의 "자네, 해 봤어?"라는 말이 떠오릅니다. 해 보지도 않고 판단하는 건, 아무것도 하지 않겠다는 것과 같습니다. 우리는 결국 해 본 만큼 성장합니다. 그래서 저는 책을 읽고, 글을 쓰고, 생각을 행동으로 바꾸는 삶을 택했습니다. 그렇게 해서 책이 제 인생을 바꿨냐고요? 네, 엄청나게 많은 것들을 바꿨습니다. 왜냐하면 책은 '다른 선택지'가 있다는 걸 알려 주었고, 그 길을 실현하는 법까지 가르쳐 주었습니다. 책을 읽는다는 건 단순히 정보를 얻는 게 아니라 그 안에서 나와 지식을 연결하는 도구이며, 한 문장이 삶 전체를 바꿔놓습니다. 저에게는 그런 여러 순간들이 반복되어 지금의 제가 만들어졌습니다.

여러분들도 책을 읽고 인생을 바꾸어야 합니다. 현재에 만족하며 살아가기에 인생이 너무나 짧습니다. 우리는 단돈 2만 원이라는 가격으로 책을 통해 많은 사람들의 삶을 대신 살아 보고 그것을 나의 인생으로 반영할 수 있습니다. 지금 이 글을 읽고 있는 여러분들은 오늘도 새로운 가능성을 꿈꾸며 이미 변화의 길 위에 서 있습니다. 시련은 있을 수 있어도, 실패는 없습니다. 도전을 멈추지 않는 한, 우리는 언제나 다음 페이지를 넘길 수 있습니다. 걱정하지 마세요. 두려워하지 마세요. 그리고 도전하세요. 그러면 반드시 이루어집니다.

내 삶에 스며든
성장의 법칙

 우리는 새로운 길을 걸어야 할 때 막연한 두려움이 밀려옵니다. 익숙했던 공간을 벗어나고, 낯선 사람들과 마주해야 하기 때문이죠. 우리는 본능적으로 익숙함을 좋아합니다. 편안한 관계, 익숙한 동선, 이미 알고 있는 것들 속에서 우리는 안정을 느끼죠. 그래서 새로운 환경에 들어서면 긴장하게 됩니다. 몸이 움츠러들고, 마음이 도망치고 싶을 때도 있습니다. 하지만 시간이 조금만 지나면 낯선 공간도 점점 편안해지고, 그 안에서 예상치 못한 기쁨이 피어납니다. 새로운 사람들, 새로운 장소, 낯선 풍경들은 우리가 미처 알지 못했던 감정을 불러일으키며 삶에 신선한 에너지를 더해줍니다.

헬렌 켈러는 "행복의 한쪽 문이 닫히면 다른 쪽 문이 열린다. 그러나 우리는 닫힌 문을 오랫동안 바라보느라 열려 있는 문을 보지 못한다."라고 말했습니다. 익숙함에 기대어 살아오던 저는, 이 문장을 보고 마음이 뻥 뚫리는 듯한 기분이 들었습니다. 지나간 일, 끝난 관계, 실패한 선택에 너무 오래 시선을 고정한 나머지, 이미 우리 앞에 열려 있는 기회와 가능성을 놓치고 있던 건 아니었을까 문득 되돌아보게 되었습니다.

어릴 적 소풍이나 수학여행을 떠올려 보세요. 롯데월드, 에버랜드, 제주도 같은 곳으로 소풍을 가던 날 아침 버스 창문 밖으로 스쳐 지나가는 풍경만 봐도 괜스레 마음이 들떴던 기억이 떠오르지 않나요? 그 설렘은 단순히 어디론가 떠난다는 사실 때문이 아니었습니다. '처음'이라는 감정, '새로운 경험'이라는 자극이 우리 마음 깊은 곳을 흔들어 놓았기 때문이었죠.

처음 먹는 반찬, 처음 타는 놀이기구, 처음 마주한 푸른 바다와 높은 산은 우리의 감정을 흔들어 놓았죠. 만약 지금 나의 설레었던 감정들이 잘 떠오르지 않고 오히려 나의 감정이 무뎌졌다고 느껴질 땐 '걷기'를 해보세요. 기분이 가라앉고 몸이 무거울 땐, 천천히 걷기 시작합니다. 산책은 단순한 움직임이 아닙니다. 걷다 보면 생각이 정리되고, 책을 읽으며 시야가 열리며, 글을 쓰며 감정이 가라앉았습니다.

저는 매일 아침 30분씩 걷기나 러닝을 합니다. 공기를 마시며 걷다 보면 마음이 정리되고, 하루의 출발이 한결 가벼워집니다. 새로운 환경이 두렵게 느껴질 때, 앞이 보이지 않을 때, 그리고 마음이 지쳐 무거울 때 또 하나의 방법이 있습니다. 운동화를 신고 가볍게 20분 정도 달려보세요. 가슴속에 억눌려 있던 답답함이 풀리면서, 머릿속을 어지럽히던 생각들이 하나씩 정리됩니다. 그리고 예전엔 쉽게 포기하던 내가, 조금씩 단단해지며 끝까지 해보려는 힘이 생겨납니다.

어려움을 겪는 동안, 걷고 뛰며 대처하는 법을 몸으로 익히게 되었습니다. 성장은 어떤 특별한 사건에서 오는 게 아니라, 아주 사소한 습관과 태도에서 시작됩니다. 산책 혹은 달리기, 읽기, 쓰기. 이 세 가지는 제 일상의 루틴이 되었습니다. 단순해 보이지만, 그 안에 진짜 변화가 숨어 있었습니다. 걷는 동안 생각이 정리되고, 책을 읽으며 새로운 시야가 열리고, 글을 쓰며 감정이 정돈되었습니다. 이 모든 과정은 조용하지만 꾸준하게 저를 성장시켰습니다. 저는 이걸 '삶에 스며든 성장의 법칙'이라고 부르고 싶습니다. 무언가를 갑자기 바꾸기보다는, 하루하루를 통해 조금씩 나아지는 것. 단단해지고, 유연해지는 것. 결국 그게 우리가 바라는 진짜 성장 아닐까요?

어떤 사람은 책 한 권으로 인생이 바뀌었다고 말하고, 또 어떤 사람은 한 줄의 문장에서 큰 결심을 합니다. 저 역시 그런 순간들을 여러 번 경험했습니다. 그러나 제가 진짜로 변했다고 느낀 건, 반복되는 일상 속에서 나를 지켜내는 루틴이 생겼을 때였습니다. 이제는 압니다. 성장은 거창한 결심이 아니라, 내가 나를 대하는 태도에서 시작된다는 걸요. 두려움을 넘는 그 한 걸음, 그것이 진짜 성장을 여는 문입니다.

책 속에서는 주인공, 현실에선 엑스트라

　책을 읽을 땐, 모든 것이 제 뜻대로 될 것 같은 기분에 사로잡히곤 했습니다. 현실은 여전히 제자리였지만, 책장에 하나씩 꽂히는 책들이 어느새 제 인생의 무기가 되어 주는 듯했습니다. 『타이탄의 도구들』을 펼치며 저는 제 안에도 그들처럼 강력한 도구가 하나둘씩 생기는 것 같은 착각을 하기도 했습니다. 평소 말수가 적던 제가 책을 읽고 나면 자연스럽게 이야기가 많아졌고, 이런저런 생각을 누군가에게 풀어놓고 싶다는 충동이 생기기도 했습니다. 그런 제 모습이 스스로도 신기했습니다.

　『역행자』에서 상위 1%가 되는 방법을 읽고 나서는, 정말 저도 그렇게 될 수 있을 것 같다는 생각이 들었습니다. 책을 읽는 순간만큼은 상상 속에서 저는 이미 성공한 사람이 되어 있었습니다. 하지만 현실은 그리 쉽게 따라오지 않았습니다. 하지만 책을 덮는 순간, 희망은 현실 앞에서 쉽게 꺼졌습니다. 마치 '그렇게 되고 싶다'는 사람일 뿐이었습니다. 그럼에도 불구하고 저는 포기하지 않았습니다. 다음 책엔 답이 있을 거라며, 또 한 권을 펼쳤습니다. 『부의 추월차선』, 『부자 아빠 가난한 아빠』, 『레버리지』, 『원씽』, 『퓨처 셀프』 등 수많은 자기계발서를 읽으며, 저 자신을 조금 더 나은 방향으로 밀어붙이고자 했습니다. 책 속 문장을 밑줄 긋고, 그 안에서 저만의 정답을 찾아 헤맸습니다. 매번, 변화한 줄로 착각했습니다. 책을 읽는 순간만큼은 모든 것이 손에 잡힐 듯 가까웠으니까요. 하지만 얼마 지나지 않아, 다시 원점으로 돌아오는 일이 반복되었습니다.

영업을 시작했을 때도 마찬가지였습니다. 안정적인 직장을 그만두고 새로운 길을 걷기 시작했지만, 쉽지 않았습니다. 책에서 배운 영업의 기술들, 사람과의 관계를 맺는 대화법, 심리전과 전략 등으로 저를 중무장했지만, 결과는 예상과 정반대였습니다. 전국 영업 꼴찌를 기록했고, 자존감은 바닥까지 내려갔습니다. 매장을 운영할 때도 『장사의 신』,

『배민다움』, 『백종원의 장사 이야기』 같은 책들을 읽으며 매출을 올릴 방법을 찾았지만, 실전에서는 마음처럼 풀리지 않았습니다. 아무리 목소리 훈련을 해도 발음은 늘지 않았고, 아무리 전략을 짜도 손님은 돌아서기 일쑤였습니다.

그렇게 시간이 흐르며 저는 "왜 읽을 땐 내 것이 된 것 같던 지식이, 막상 현실에서는 사라져버리는 걸까?"라는 질문을 던졌습니다. 그 답을 찾기 위해 다시 제 안을 들여다보았습니다. 그리고 생각의 끝에 책 속의 주인공은 결국 제가 아니었습니다. 그들의 생각과 기술, 태도는 그들의 것이었습니다. 그것을 진짜 '내 것'으로 만들기 위해서는 단순히 읽는 것만으로는 부족했습니다. 저는 '이해'만 하고 있었지, 실행해서 여러 과정들을 겪고 '습득'은 하지 않았던 것이었죠.

『데미안』에서는 "새는 알을 깨고 나온다. 알은 세계다. 태어나려는 자는 한 세계를 파괴해야 한다."라고 말을 했습니다. 그동안의 저는 틀 속에 갇혀 알을 깨지 못했습니다. 책 속에서 주인공의 삶을 엿보며 그 안에만 머물러 있었을 뿐, 제 삶의 껍질을 깨려는 진짜 행동은 하지 않았던 것입니다. 여전히 저는 지금도 책을 읽으며, 그 속에서 길을 찾고 있습니다. 다만, 이제는 책 속 주인공을 좇기보다, 그 안에서 제 문장을 찾고자 합니다. 책 속에서는 주인공이 될 수 있었지만, 현실에서는 늘 엑스트라였던 저 자신을 솔직하게 마주합니다.

　이제는 더디더라도 진짜 저만의 문장을 쓰고, 그 문장으로 저만의 삶을 만들어가고 싶습니다. 책의 힘은 여전히 강력하지만, 그 힘은 읽는 것이 아니라, 살아 내는 데서 비로소 빛난다는 걸 배워가고 있습니다. 지금 이 글을 읽는 누군가도, 책 속의 주인공처럼 멋진 말을 꿈꾼 적 있다면, 이제 그 이야기를 스스로 써 내려가 보시기를 응원 드립니다. 책이 알려 준 길 위에 당신만의 발걸음을 더할 때, 현실에서도 당신이 주인공이 될 수 있습니다. 책 속 한 줄처럼, 당신의 문장이 누군가의 삶을 흔들 수 있습니다.

양질 전환,
350개의 이력서

    대학교 졸업을 앞두고, 저는 졸업장에 단 한 줄을 적었습니다. '꿈은 이루어진다.' 그 문장이 얼마나 현실적인 말인지, 얼마나 뜬구름 같은 말인지도 모른 채, 저는 그저 '취업' 하나만을 바라보고 있었습니다. 좋은 회사에 입사하기엔 제 스펙이 부족하다는걸, 누구보다 제가 잘 알고 있었습니다. 그래서 저는 '양보다 질'이 아니라, '질보다 양'이라는 단순하지만 확실한 전략을 택했습니다. 양이 질로 전환되는 순간이 있다는 걸 이미 체감했기 때문입니다. 즉, '양질 전환'이라는 믿음 하나로, 저는 지원서를 써 내려갔습니다.

    서류에서 계속 떨어졌고, 어떤 회사에서는 불합격 문자가 무려 일곱 번이나 왔습니다. 처음엔 속이 상했지만, 점점 '불합격'이라는 말에도 감각이 무뎌졌습니다. '쓰다 보면 한 곳은 붙겠지.' 그 믿음 하나로, 저는 300곳이 넘는 기업에 지원서를 넣었습니다. 하루에 10개씩 지원서를 쓰는 날도 있었고, 새벽까지 자기소개서를 붙잡고 있는 날도 많았습니다. 서류가 자꾸 떨어진 건, 동급생들보다 한참 늦은 나이에 편입한 30대 신입사원이었기 때문일지도 모릅니다. 이력서에 적힌 나이 한 줄이, 아무리 노력으로 채운 경력과 포부보다 더 먼저 보이는 듯했습니다. 자격이 없다는 말을 들은 것도 아닌데, 어딘가에서 '안 된다는 분위기'를 온몸으로 느끼곤 했습니다.

그럼에도 불구하고, 계속해서 이력서를 썼습니다. '안 될 수도 있다'는 생각보다, '되기 전까진 계속해 보자'는 마음이 더 컸기 때문입니다. 그렇게 해서 총 6군데에서 합격 소식을 받았습니다. 그중 두 곳은 실제로 입사했지만, 짧은 시간 안에 나와야 했습니다. 처음에는 '붙었다'는 기쁨에 들떴지만, 곧 깨달았습니다. 회사의 규모나 네임밸류보다 더 중요한 건, 그 조직의 문화와 일하는 방식이 나와 잘 맞는가라는 질문이었습니다. 그 경험은 또다시 저를 이력서 앞에 앉히게 했고, '합격'은 끝이 아니라 새로운 시작이라는걸, 그제야 실감하게 되었습니다. 다시 지원서를 고치고, 자기소개서를 다듬고, 나 자신을 점검하는 시간이 이어졌습니다.

  그러다 마침내 '전선을 만드는 회사'에서, 제 인생의 방향을 찾고 싶다는 생각이 들었습니다. 매출 2조 원 규모의 안정적인 기업이지만 대중에게는 다소 낯선 이름인 대한전선. 저는 그 회사의 사보 2년 치를 모두 정독하고, 전공 문제와 면접 사례를 취업 카페에서 모아 면접관의 시선을 사로잡을 키워드들을 노트에 빽빽이 정리해 머릿속에 새겨 넣었습니다. 그렇게 면접에 임했고, 밤을 새며 정독했던 사보의 내용이 질문으로 이어졌습니다. 그 질문 하나가 면접장의 분위기를 바꿔 놓았고, 잠시 정적이 흘렀습니다. 그리고 얼마 뒤, 합격 문자가 도착했습니다. 휴대폰 화면에 뜬 두 글자 '합격'을 바라보며 저는 멍했습니다. 기쁨보다 놀라움이 먼저였고, 그동안 받았던 수많은 불합격 메일들이 파노라마처럼 떠올랐습니다.

  그제야 저는 진심으로 깨달았습니다. '꿈은 이루어진다.'는 문장은 그저 멋진 말이 아니었습니다. 저는 그 문장을 살아 냈고, 실천했고, 증명했습니다. 누군가는 한 번에 되는 길을 걷기도 하고, 누군가는 백 번을 돌아가는 길을 택해야 할 수도 있습니다. 하지만 끝까지 걸어간 사람에게는 반드시 '내가 갈 수 있는 자리'가 있다는 걸 알게 되었습니다. 남들보다 공부를 늦게 시작했고, 신입생 치고는 또래보다 나이가 2~3살 많았기에 어려움이 컸지만, 포기하지 않고 지속하면, 언젠가 이루어진다는 것을 깨닫게 되었습니다. 입사 이후에도 저는 '늦깎이 신입'이라는 부담감 대신, 그간의 경험을 발판 삼아 묵묵히 배워 나갔습니다. 어떤 날은 낯선 공정 용어들에 당황했고, 어떤 날은 퇴근 후에도 노트를 펴고 제품 매뉴얼을 다시 정리했습니다. 그렇게 하루하루를 쌓아 올리던 중, 어느 날 회사 사보에도 두 번이나 실렸으며, 또 우수사원으로도 선정되었는데, 그 순간만큼은 그동안의 여정이 결코 헛되지 않았음을 마음 깊이 실감할 수 있었습니다.

지금 이 글을 읽고 있는 당신께 말씀드리고 싶습니다. 혹시 요즘, 새로운 일이나, 시작할까 말까 망설이고 계시는 일이 있나요? 신입사원때는 300개의 이력서 썼고, 다시 37살, 새로운 일을 시작하기 위해 또다시 50개의 이력서를 써 내려갔습니다. 그 나이엔 자리를 잡고 있어야 한다는 말들이 많았지만, 저는 그때도 처음부터 다시 시작해야만 했습니다. 그래서 저는 압니다. 당신이 지금 포기하지 않고 써 내려가는 그 이력서 한 장, 혹은 마음속에 품고 있는 그 시도 하나가 당신이 넘어져도 다시 일어설 수 있는 힘이 될 것입니다.

유튜버 주언규 님이 "야구에 3아웃이 없다면, 언젠가는 반드시 홈런을 칠 수 있다."고 말한적이 있었어요. 사업을 함에 있어서 1억을 한 번에 쓰고 일확천금을 꿈꾸는 것 보다 100개로 쪼개서 100만 원씩 100번 휘둘러 홈런을 치는게 확률이 더 높다는 이야기였었죠. 큰 돈을 한 번에 베팅하는 대신, 작게 나눠 여러 번 도전하는 것. 저는 그 말을 떠올리며, 이력서를 쓰는 날들에도 한 번 더 배트를 휘두르는 마음으로 임했습니다. 새로운 일이 잘 안된다고 해서 너무 염려할 필요는 없습니다. 새로운 일에 도전하세요. 지금 그게 무엇이든, 괜찮습니다. 지금 이 순간에도 우리는 각자의 '인생 이력서'를 써 내려가는 중이니까요. 그 여정의 한 줄 한 줄이, 결국 당신만의 길을 만들어 줄 것입니다.

만화책 요리사와
영업 1등의 공통점

 그로부터 몇 해 뒤, 저는 또 다른 선택의 기로에 서 있었습니다. 가정을 꾸렸고, 아이의 아빠가 되었으며, '한 번도 해 본 적 없는 일'을 선택해야 하는 상황이었습니다. 예전에 마스터 셰프 코리아 우승자 최강록 셰프의 인터뷰를 본 적이 있습니다. 그는 요리를 배운 적이 없었다고 했습니다. 단지 "『미스터 초밥왕』이라는 만화책을 보고 요리를 시작했어요"라고 말했습니다. 처음엔 말도 안 되는 이야기라 생각했습니다. 그런데 그는 정말 요리 대회에서 우승했습니다. 누군가는 만화책으로도 인생의 길을 바꾸기도 인생을 바꾼다는 사실이 너무나 대단해 보였습니다. 저도 그런 사람이 되고 싶었습니다. 저는 영업의 길을 가기 위해 회사를 그만두고 안양 1번가 대동문고로 가서 영업과 관련된 서적 30권을 샀습니다. "책에 답이 있다."라는 말을 믿었습니다. 저는 책에 모든 답이 있다고 믿었습니다. 세일즈 성공자들이 쓴 책을 읽으며 그들이 말한 전략만 실천하면 억대 연봉 영업왕이 될 수 있을 거라 생각했습니다.

그때부터 낯설고 험한 영업의 길을 시작했습니다. 그때 제 나이는 서른일곱, 이제 네 살 된 딸아이가 있었습니다. '아빠! 힘내세요!'라고 부르는 그 짧은 말이 세상을 멈출 만큼 행복했던 시기였습니다. 그래서 저는 아이에게 부끄럽지 않은 아빠가 되고 싶었습니다. 저는 6개월 계약직이었지만, 회사를 옮길 때 정규직이라고 아내에게 거짓말을 했고, 안도의 눈빛으로 저를 바라봤습니다. 저는 웃으며 출근했지만, 속으로는 불안이 깊게 내재하고 있었습니다. 사실 이 선택에 가장 큰 반대를 하신 분은 장인어른이었습니다. 이전 직장이 안정적인 회사여서 딸을 저에게 주셨고, 그만두겠다는 사위의 선택이 이해되지 않는다고 했습니다. 어느날은 술을 거의 입에 대지 않으시던 분인데, 술을 드시고 전화가 왔습니다. "김 서방, 갑자기 왜 회사를 그만두는 거야? 네가 아이를 키우는 아빠라는 걸 잊지 마라."라는 말에 저는 아무 대꾸도 못했습니다.

책 30권을 입사전 10일간 하루 3권씩 열심히 읽었습니다. 영업의 신들의 도구들을 하나둘씩 챙겨 억대 연봉으로 가자는 확신과 결의로 가득찼죠. 하지만, 이론과 현실은 너무나도 달랐습니다. 영업 첫 달, 실적은 꼴찌였습니다. 둘째 달도 마찬가지였습니다. 책에서 읽었던 대화법이나 설득 기술은 현실에서 전혀 통하지 않았고, 매출은 바닥을 쳤습니다. 동기들과는 멀어졌고, 본부장님의 시선을 피하며 하루하루를 숨어다녔습니다. 자신감은 말할것도 없었죠. 외근을 나간 어느 날, 조용한 카페 구석에서 책을 펴 들었습니다. 그때 문뜩 '영업은 책이 아니라 사람에게 배워야 한다' 책에서의 문장이 떠올랐습니다. 그날부터 공원이나 사람이 많은 거리로 나가 전단지를 뿌리고 건물을 돌며 벽 타기를 하며 사람들을 만났습니다. 사람들의 냉대와 무시 아니… 멸시에 가까운 시선들은 처음에는 버티기 힘들었습니다. 하지만, 계속 접하고 만나다 보니 조금씩 사람들이 편해졌지만 매출은 그다지 좋아지지가 않았습니다.

그러던 어느 날, '영업의 신'으로 불리던 선배를 우연히 마주쳤습니다. 그는 말없이 저를 바라보다 이렇게 말했습니다. "넌 잘할 수 있어. 지금처럼만 하면 돼." 그 한 문장이 제게는 큰 감동이었습니다. 그날부터 저는 선배를 따라다니며 사람을 대하는 법, 진정성의 의미, 태도의 힘을 배웠습니다. '하늘은 스스로 돕는 자를 돕는다.' 그 말이 처음으로 가슴 깊이 와닿은 순간이었죠. 누군가가 저를 믿어 준 마음, 그리고 제가 저 자신을 놓지 않았던 간절함이 제 인생의 전환점을 만들어 주었습니다. 그 뒤로 저는 선배를 따라다니며 그의 말투, 고객과의 대화, 상황에 따라 달라지는 고객 응대법을 현장에서 배우기 시작했습니다. 한때 그가 휩쓸었던 여수 수산물 시장도 함께 돌며 진짜 영업을 배워 나갔습니다.

그렇게 저는 입사 후 3개월 뒤 전국 1등 영업사원이 되었습니다. 믿기 어려운 반전이었지만, 그 안엔 수없이 흔들렸던 날들의 무게가 담겨 있었습니다. 진짜 변화는 '사람에게 진심으로 다가가야겠다'는 마음을 먹은 순간부터였습니다. 시간이 흐르고 회사에서 입지를 다진 후 장인어른께 "저 사실은, 계약직이었습니다. 하지만 이제 정직원이 됐고, 영업 1등도 하고 본사 팀장으로도 성장했습니다."라고 말씀드렸습니다. 잠시 침묵이 흘렀습니다. 장인어른은 제 얼굴을 오래도록 바라보다 조용히 고개를 끄덕였습니다. "고생했구나. 이제 김 서방을 믿는다." 그 한마디에, 저는 그동안 참아왔던 눈물을 삼켰습니다. 김창옥 강사가 무명 시절 "당신은 교수가 될 겁니다."라는 단 한 사람의 믿음 덕분에 지금의 자리에 올랐다고 하죠.

저에게도 영업의 신은 그런 한 사람이 있었습니다. '넌 잘할 수 있어.' 그 말 한마디가 지금의 저를 만들었습니다. 혹시 지금 누군가 어려움 속에 있다면, 먼저 따뜻한 한마디를 건네주세요. 말 한마디가 사람을 살릴 수 있다는 걸, 저는 살아 내며 배웠습니다. 그리고 그 모든 여정을 지나, 이제 저는 다시 가족을 바라봅니다. 아빠의 꿈을 좇아 멀어진 시간들 속에서, 그들의 자리를 지키는 사람이 되어야겠다고 결심합니다.

말하지 못한 슬픔을
대신 말해 준 책

   순탄한 회사생활이 이어졌고, 팀장이라는 자리도 조금씩 익숙해져 갔습니다. 성과도, 안정도 있었지만 마음 한편엔 설명하기 어려운 허전함이 남았습니다. 그러던 어느 날, 삶은 나를 멈춰 세웠습니다. 삶은 때때로 아무런 예고 없이 본질적인 질문을 던지곤 합니다. 장모님께서 췌장암 2기 진단을 받고 항암 치료를 시작했습니다. 처갓집의 분위기는 무거워졌고, 모두 말은 아끼고 있지만 각자의 방식으로 슬픔과 걱정을 껴안고 살아갔습니다. 머리카락과 눈썹, 체력이 빠져 식사조차 어려워진 장모님의 모습을 병문안 때마다 마주하며, 저는 고개를 들 수조차 없었습니다. 무엇보다 '괜찮다.'는 말로 고통을 감추시는 그 모습이 마음을 더 아프게 했습니다. 장모님은 저희 가족에게 단순한 어른이 아니었습니다. 두 아이를 오랫동안 돌봐 주시고, 바쁜 저희 삶에 든든한 버팀목이 되어 주셨던 분입니다. 저희 부부를 위해서 아이를 등하원 시키고, 집안 청소와 밥까지 해 주시던 모습이 아직도 선합니다. 그런 장모님이 병상에 누워 계신 걸 바라보는 건 생각보다 훨씬 큰 공허함을 안겼습니다. 제 딸이 가끔 "할머니는 언제 나아?"라고 묻는 말에 저는 애써 웃으며 "곧 괜찮아지실 거야."라고 대답했지만, 마음 한편은 계속 저릿했습니다.

무너진 평온 앞에서, 저는 말없이 마음을 감춘 채 하루하루를 버텼습니다. 그 시기, 우연히 허지웅 작가의 『살고 싶다는 농담』을 읽게 되었습니다. 림프종 암이라는 병을 진단받고 항암 치료를 견뎌낸 그의 고백은 말 그대로 '삶의 밑바닥'에서 끌어올린 목소리였습니다. 책을 읽으며 저는 마치 그와 함께 걷고 있는 듯한 위로를 느꼈습니다. 책장 사이사이, 작가가 토해내듯 남긴 문장 속에서 저는 스스로 꾹꾹 눌러 담았던 감정들을 마주하게 되었습니다.

허지웅 작가는 말합니다. "고통에 대해 이겨낼 수 있는 방법은 알려 줄 수 없다. 그건 스스로 겪어야 하기 때문이다."

라고 말하죠. 정말 그렇습니다. 고통은 함께 걸어줄 수는 있지만, 결국 그 어둠을 뚫고 나가는 건 본인뿐입니다. 그는 힘든 과정에 대해 조언 대신 기록을 남겼고, 그 기록은 지금의 저에게 가장 진실한 위로가 되었습니다. 사람은 감정이 닿을 때 비로소 공감하게 됩니다. 저는 그 문장들에서 '공감'이 아니라, '공존'이라는 단어를 떠올렸습니다. 혼자가 아니라고 느끼는 순간, 사람은 비로소 다시 살아가게 됩니다. "악마는 피해의식을 만들어 당신을 망치려 한다. 그 피해의식은 삶을 괴물로 만들 수 있다."라구요. 이 구절에서 저는 숨을 멈추고 멍하니 책장을 바라보았습니다. 억울하고 외로웠던 시간들이, 그저 감정의 무게로 남아 있던 것이 아니라, 내가 나를 갉아먹는 생각이었을지도 모른다는 자각. 그 고백이 제 안에 울림으로 남았습니다. 사람은 슬픔에 익숙해지지 못한 채, 같은 상처를 반복합니다. 그래서 우리는 반복해서 상처받고, 같은 실수 속에서 자신을 놓치곤 하죠. 하지만 그런 무너짐의 순간에 미리 겪어왔던 사람의 이야기는 큰 위로가 됩니다.

 우리는 종종 불행해서 불행한 것이 아니라, 불행하다고 생각해서 더욱 불행해집니다. 삶을 해석하는 방식이 결국 삶의 질을 결정한다는 사실을, 장모님의 태도에서 저는 다시 확인하게 되었습니다. 장모님은 아프다는 말 한마디 없이 치료를 묵묵히 받아들였습니다. 아이들을 걱정시키지 않으려, 주변을 배려하려 애쓰시는 모습을 보며 저는 '삶을 대하는 자세'라는 것이 무엇인지 배워 나갔습니다. 우리는 수많은 것들을 바꾸고 싶어 하지만, 그중엔 결코 바꿀 수 없는 것도 있습니다. 그럴 땐 억지로 바꾸려 하기보다는, 그 현실을 있는 그대로 받아들이는 태도가 오히려 고통을 덜어 줍니다.

　책은 때때로, 우리가 미처 말로 하지 못했던 감정을 대신 말해 줍니다. 그리고 그 문장들이, 우리가 다시 살아갈 수 있는 근거가 되어 줍니다. 저는 그날, 책 속에서 '처음 만나는 나'를 발견했습니다. 두려움 속에서 삶을 붙잡고 있는 사람, 혼자라고 느끼지만 결국 다시 일어나려는 사람, 그리고 무엇보다 여전히 누군가를 사랑하며 살아가고 있는 사람. 그것이 『살고 싶다는 농담』이 제게 남긴 큰 선물이었습니다. 누군가의 아픔을 곁에서 지켜보는 일이 때로는 더 괴로울 수도 있지만, 그 시간 속에서 우리는 결국 더 단단해지고, 더 따뜻해질 수 있습니다. 그렇게 저는, 말하지 못했던 슬픔을 조금씩 말할 수 있게 되었습니다.

글을 쓰며
나와 만나는 시간

 언젠가부터 저는 제 인생을 살고 있다고 믿었지만, 지나온 시간들을 돌아보면 타인의 기대에 맞춰 살아온 시간이 훨씬 많았습니다. 성실한 직장인, 책임감 있는 아빠와 남편, 두 딸을 둔 사람으로 겉보기에는 괜찮아 보였지만, 정작 저는 제 자신을 잘 알지 못했습니다. 거울 앞에서 제 자신을 바라볼 때마다 낯설었고, 그 낯섦은 마음 깊은 곳에서 오래도록 울려 퍼졌습니다.

 어느 날 문득, '지금 나는 누구인가?'라는 질문이 떠올랐습니다. 그 물음 하나가 삶을 멈춰 세웠고, 저는 익숙한 역할과 타이틀을 내려놓은 채 오랜만에 진짜 제 자신에게 말을 걸었습니다. 하지만 대답은 들리지 않았습니다. 어쩌면 너무 오랫동안 그 질문을 외면하고 있었는지도 모릅니다. 그때부터 저는 블로그에 제 생각을 썼습니다. 처음엔 짧은 글 한두 문장이 전부였지만, 매일같이 써 내려가면서 묘하게 마음이 편안해졌습니다. 글을 쓴다는 건 생각을 정리하는 일이라 여겼지만, 시간이 지날수록 제 감정의 민낯과 마주하게 되었습니다.

'아! 내가 이런 생각을 하고 있었구나.', '이 감정은 분노가 아니라 외로움이었구나.'라는 생각이 들며, 글을 쓰면서 비로소 보이기 시작한 감정들이 있었습니다. 기쁘지도 슬프지도 않다고 생각했던 하루가, 사실은 결핍과 두려움으로 조용히 무너지고 있었던 겁니다. 글을 통해 조심스럽게 고개를 들었습니다. 놀랍게도 그 글 속에는 저뿐만 아니라, 가족의 이야기도 자연스럽게 연계되어 있었습니다. 영업직 특성상 술자리가 많았고, 평일엔 가족과의 시간이 거의 없었기에, 글을 통해서라도 아내와 아이들에 대한 이야기를 꺼냈습니다. 그렇게 쓰기 시작한 글은, 저 자신을 이해하는 창이 되었고, 가족과의 거리를 좁히는 다리가 되었습니다. 글로 풀어내니 감정이 보였고, 마음의 소리도 들리기 시작했습니다.

사람과 사람 사이의 관계는 말로만 이어지는 것이 아니라, 감정의 흐름으로 연결된다는 걸 알게 되었습니다. 어른이 되고 나서야 부모님의 삶을, 그리고 아빠로서의 제 삶을 조금씩 떠올리게 되었습니다. 그렇게 글을 쓰던 어느 날, 문득 20대 시절 일기장에 적어 두었던 문장이 떠올랐습니다. '나는 작가가 되고 싶다.' 그 문장은 오랫동안 제 안 어딘가에 먼지가 쌓인 채 고이 잠들어 있었습니다. 글을 쓰는 지금의 이 시간이, 그 문장을 다시 꺼내 보는 시간이 되어 주었습니다.

  '나답게 산다는 건 무엇일까?'는 어떤 직업을 갖는 것이 아니라, 진심으로 바라는 삶을 향해 나아가는 것이다. 저는 그렇게 글쓰기를 통해 방향을 다시 찾고 있었습니다. 완벽한 계획은 없었습니다. 하지만 매일 문장을 써 내려갈 때마다, 머릿속에 흐릿했던 비전이 조금씩 그려졌습니다. 욕망과 두려움, 소망과 가능성들이 문장 속에서 살아 움직이며 저를 다시 이끌어 주었습니다. 요즘은 자주 제 자신에게 질문을 던집니다. "지금 행복한가?", "누구의 기대가 아닌, 나의 기준으로 살고 있는가?"라는 질문들에 서툰 대답이라도 꺼내 보며, 저는 매일 조금씩 성장하고 있다는 걸 느낍니다. 자아실현이란 거창한 목표가 아니라, 매일의 글쓰기 속에서 나를 만나고 이해하고 사랑하는 과정이라는 것을 이제는 압니다. 블로그에 올린 평범한 하루의 기록이 저를 돌아보는 거울이 되었고, 가족을 다시 이해하는 언어가 되었으며, 오래전의 저를 다시 만나게 해 주는 시간표가 됩니다. 그래서 저는 저를 잊지 않기 위해, 그리고 제가 사랑하는 사람들을 더 잘 이해하기 위해서 오늘도 글을 씁니다. 요즘은 "지금 행복한가?", "누구의 기대가 아닌, 나의 기준으로 살고 있는가?"라는 질문에 서툰 대답이라도 꺼내 보며 매일 조금씩 달라지는 저를 봅니다. 자아실현이란 거창한 개념이 아니라, 매일의 글쓰기 속에서 나를 만나고 이해하며 성장하는 아주 사적인 여정이었습니다. 매일 한 줄을 쓰고, 그 문장에서 스스로를 발견하고, 감정을 직면하며 조금 더 나다워지는 것이 진짜 저의 회복이자 성장이라는 것을 이제 압니다.

블로그에 남긴 평범한 하루의 기록은, 지나고 나니 저를 들여다보는 거울이 되었고, 가족을 다시 이해하는 언어가 되었으며, 오래전 제 마음속에 머물던 '작가가 되고 싶다'는 꿈을 다시 꺼내게 한 나침반이었습니다. 그래서 저는 오늘도 저의 생각들을 글로서 적습니다. 더 멋진 글을 쓰기 위해서가 아니라, 더 진실한 나를 이해하기 위해서. 매일 쓰는 글 한 줄이, 어쩌면 잊고 지낸 '진짜 나'를 다시 만나러 가는 가장 솔직한 여정이기 때문입니다.

배움으로 말하는 어른

　물 흐르듯 말하는 사람들을 보면 늘 부러웠습니다. 말을 잘한다는 것은 단순히 화술의 문제가 아니라, 생각을 정리하고 그것을 조리 있게 전달할 수 있는 능력과 깊은 관련이 있습니다. 저는 이 사실을 책을 읽고, 글을 쓰고, 걷는 시간을 통해 서서히 알았습니다. 사실 저는 타고난 말솜씨가 있는 사람은 아니었습니다. 발표나 회의에서 질문을 받으면 생각은 많지만, 입 밖으로 꺼내는 건 서툴렀습니다. 그럴 때마다 스스로에게 물었습니다. "어떻게 하면 내 생각을 잘 정리해서 전달할 수 있을까?"라고요. 그러던 어느 날, 블로그에 독서 리뷰를 쓰며 문득 이런 생각이 들었습니다. '책을 읽고 글을 쓰는 시간이, 곧 말하기의 연습이구나.' 처음에는 어떤 내용을 넣어야 할지, 어떻게 글을 마무리해야 할지 막막했습니다. 또, 어느 정도의 분량과 어떤 메시지를 중심으로 써야 할지, 보는 사람들에게 어떤 인사이트를 줄 수 있을지 고민이 많았죠. 그런데 신기하게도 글을 계속 쓰다 보니 방향이 조금씩 잡혔습니다.

책을 정독하며 중요한 문장에는 형광펜으로 밑줄을 긋고, 책 여백에 제 생각을 바로 메모했습니다. 그렇게 쌓인 메모들이 문장이 되었고, 문장들이 모여 글이 되었습니다. 블로그에 올릴 땐 꼭 전하고 싶은 이야기만 추려내면서, 자연스럽게 '말하고 싶은 내용'이 선명해졌습니다. 그 습관은 예상보다 훨씬 강력한 힘을 지니고 있었습니다. 흩어져 있던 단어들이 글쓰기를 통해 질서를 갖게 되었고, 그 정돈된 문장을 반복해서 읽으면서 저는 이런 자각을 하게 되었습니다. '나는 이렇게 생각하고 있었구나.'라는 생각과 함께 신기하게도, 그렇게 정리된 생각은 말로도 훨씬 자연스럽게 풀어낼 수 있었습니다.

글쓰기는 말하기를 위한 조용한 예행 연습이었습니다. 누군가 들어주는 청중은 없지만, 스스로와의 대화를 통해 문장을 만들어 내는 그 시간은 말로 꺼낼 준비를 단단히 하는 훈련이 되었습니다. 저는 발표나 중요한 보고를 앞두면, 아침 일찍 밖으로 나와서 걷기를 합니다. 새벽 공기가 아직 차가운 시간, 천천히 걷는 길 위에서 마음속으로 말을 꺼내 봅니다. '이건 이렇게 설명하면 좋겠어.', '여기선 잠깐 멈추고 쉬어 가야겠다.'고 생각하며 걸으며 문장을 머릿속에 정리해 갑니다. 길을 따라 걷는 동안 들려오는 새소리, 나뭇잎 흔들리는 소리, 바람결은 머릿속을 정리해 주는 배경 음악처럼 다가왔습니다.

그 시간 동안 저는 스스로에게 계속 말을 겁니다. 때로는 걱정을 털어내고, 때로는 작은 응원을 건네며 제 안의 소리를 정리해갑니다. 그런 일상을 반복하며, 저는 말하기에 대한 두려움을 조금씩 덜어낼 수 있었습니다. 무대에서 떨지 않았고, 사람들 앞에서도 생각을 자연스럽게 말할 수 있게 되었습니다. 아마 그건 말의 기술이 늘었다기 보다는 생각이 정리되었기 때문에 생각이 차분히 전달된 것입니다.

사람들은 흔히 말하기는 훈련의 결과라고 말합니다. 맞는 말입니다. 하지만 저는 여기에 한 가지를 더하고 싶습니다. '생각이 정리되지 않으면 말도 정돈되지 않는다.' 그리고 그 생각을 정리하는 최고의 방법이 바로 글쓰기다. 혹시 지금 말하기가 어렵다고 느끼신다면, 책을 한 권 읽고 짧은 글을 한 편 써 보세요. 그 안에, 여러분의 말이 자라날 토양이 있습니다. 그리고 그 글을 계속해서 쌓아가다 보면, 어느새 그 안에서 말하기라는 꽃도 피어나게 될 것입니다. 말은 생각의 표면이고, 글은 생각의 구조입니다.

  말이 흔들린다면, 지금이야말로 글로 기초를 다질 때입니다. 조용히, 그러나 단단하게 나를 쌓아가는 글쓰기. 그 시간은 곧, 더 나은 말하기로 이어지는 길이 될 것입니다. 지금 당장 말하지 못해도 괜찮습니다. 조금 느리고, 조심스럽더라도 책을 읽고 한 줄의 글을 써 내려가다 보면, 당신의 말은 어느새 깊이를 갖고 흘러나오게 될 겁니다. 그 시작은, 오늘 당신이 펼치는 책 한 권일 수 있습니다.

2부

아빠와 딸을 연결한 독서와 글쓰기의 힘

"책은 우리에게 대화의 시작이 되었고,
글쓰기는 마음의 창이 되었다."

회전목마 위의
우리 둘

2024년, 저는 딸과 조금씩 멀어지고 있었습니다. 하루하루 바쁜 일정에 회식과 술자리에 지쳐 집에 돌아오면, 아이는 이미 잠들어 있었고, 주말에 겨우 나간 놀이터에서도 밀린 일을 핑계 삼아 휴대폰만 바라보는 날이 많았습니다. 저는 집 밖에서는 친절한 사람으로 통했지만, 정작 가족 앞에서는 말이 줄고, 반응도 무뎌진 상태였습니다. 생각보다 많은 사람들이 그렇듯, 저 역시 가장 소중한 사람들에게 가장 무심했던 사람이었습니다. 그렇게 1년이 흘렀습니다. 아이는 더 이상 저에게 다가오지 않았고, '우리 아빠는 맨날 피곤하대'라는 말을 듣고 나서야 저는 비로소 멈춰 섰습니다.

그래서 놓쳐온 시간의 한 조각이라도 붙잡고 싶어, 조용히 연차를 냈습니다. 우리는 롯데월드로 향했습니다. 평일 낮, 고등학생들 사이에서 우리는 '신밧드의 모험'에 올랐고, 아이는 눈을 반짝이며 "아빠, 한 번만 더 타자!"를 외쳤습니다. 다섯 번쯤부터는 체력이 바닥났지만, 아이는 멈추지 않았습니다. 저는 여덟 번을 함께 탔고, 그때 문득 깨달았습니다. 아이들이 원하는 것은 거창한 무언가가 아니라, 함께해 주는 '지금 이 순간'이라는 것을 알게 되었죠.

딸과의 단둘이 보내는 시간도 너무나 좋았습니다. 놀이기구에 줄을 서 기다리다 보니 아이와 대화할 시간이 많았고, 몇 가지 질문을 하면 아이는 자신의 이야기에 신이 나서 더 많은 이야기를 아빠에게 쏟아 냈습니다. 그저 어린아이인 줄만 알았던 딸은 학교생활에서 친구들과의 관계 좋아하는 연예인, 갖고 싶은 것들을 줄줄이 사탕처럼 이야기를 쏟아 냈습니다. 그리고 요즘 학교에서 어려운 과목이나 고민 사항들을 털어놓아서 아이의 많은 생각들을 알게 되었습니다. 사실, 우리는 돈을 벌기 위해 사는 건 아닐까 하는 생각을, 딸과의 데이트 중에 하게 되었습니다. 돈을 벌기 위해 직장 상사의 눈치를 살피고 야근을 하고 회식을 하며 집에 늦게 귀가하게 됩니다. 또한, 회사에서 받는 스트레스로 인해서 주말에는 혼자만을 보내거나 가족과의 단절된 시간을 보내게 되죠.

  만약, 딸과 소원해졌던 그 시점으로 다시 돌아간다면, 저는 어떻게 했을까요? 퇴근 후 딸이 다가와 "아빠, 놀아줘."라고 말했을 때, 그 말을 그냥 흘려보내지 않을 겁니다. 며칠 뒤, 아이의 그림일기를 우연히 보게 되었습니다. 그 안에는 '초등학교 1학년 때 가장 기억에 남는 일'이 무엇인지에 대한 순수한 기록이 담겨 있었습니다. "아빠와 롯데월드에 갔다. 신밧드의 모험을 탔다."라고 적힌 그 글을 보는 순간 마음이 뭉클해지면서 저는 확신했습니다. 다가올 2025년, '아이의 시간 속에 내가 함께 있어야겠다.'라고 생각하며 육아휴직을 내기로 결심했습니다.

  그렇게 휴직을 하고 회사가 아닌 '삶' 속으로 들어오니, 그동안 놓치고 있던 장면들이 눈에 들어왔습니다. 그중 하나가 무인 아이스크림 가게였습니다. 학원과 학교를 오가다 아이와 자주 들르던 이 공간은, 단순한 간식 공간이 아니라 아이의 세상이 펼쳐진 무대였습니다. 방과후 수업시간에 배운 가수 '아이브'의 노래에 맞춰 춤을 추고, 과자와 아이스크림을 같이 먹으며 웃음을 터뜨리는 모습은 그야말로 생기 넘치는 일상이었습니다. 아이가 좋아하는 걸 함께 먹고, 이야기를 나누고, 웃다 보니 어느새 조금 멀어졌던 마음이 다시 가까워지고 있다는 걸 느꼈습니다. 하루에 하나씩 새로운 간식을 고르고, 내일은 어떤 걸 먹을지 이야기하는 그 일상이 우리 사이의 온기를 되찾게 해 주었습니다. 무인 아이스크림 가게, 그 소박한 공간이 우리 부녀 사이를 이어주는 따뜻한 연결고리가 되었습니다. 그리고 저는 다시 한번 다짐했습니다. 2025년, 나는 이 아이의 곁에 있으리라고. 그 짧지만 찬란했던 하루가, 제 인생의 방향을 완전히 바꾸었습니다.

다정함은 체력에서 시작

"네가 진정으로 이루고 싶은 게 있다면 '체력'을 먼저 길러야 한다. 종종 후반에 무너지는 이유, 대미지를 입은 후 회복이 더딘 이유, 실수한 후 복구가 더딘 이유는 다 '체력'의 한계 때문이다. '체력'이 약하면 빨리 편안함을 찾게 되고 그러다 보면 점점 더 인내심이 떨어진다. 그리고 그 피로감을 견뎌내지 못한다면 승부 따위는 상관없어지는 지경에 이르게 된다. 이기고 싶다면 나의 고민을 충분히 견디어 줄 수 있는 몸을 먼저 만들어야 한다. 결국 '정신력'은 체력의 보호 없이는 '구호' 밖에 되지 않는다는 것을 알아야 한다."

『미생』 속 이 대사를 처음 들었을 때, 저는 '체력'이라는 단어가 단지 몸의 힘만을 뜻하지 않는다는 걸 깨달았습니다. 감정의 회복력, 일에 대한 내성, 관계에서의 인내심도 결국 체력에서 비롯된다는 말이었죠. 생각해 보면, 저 역시 평소에는 웃으며 넘기고, 다정한 말을 하려고 애쓰는 편이었습니다. 하지만 직장 생활을 오래 하다 보니 어느 순간 저도 모르게 불필요한 말버릇이 생겼습니다. 상황이 꼬이거나 스트레스를 받는 일이 생기면, 무심코 '아…' 또는 '젠장…' 같은 말을 내뱉곤 했습니다. 좋지 않은 말이라는 걸 알면서도, 제 입에서 그런 말이 튀어나오고 있다는 사실조차 인식하지 못할 정도로, 이미 습관이 되어 있었습니다.

아이들과 지내다 보면, 육아는 생각만큼 아름답거나 평온하지 않습니다. 저는 매일 새벽 4시 30분에 일어나 필사를 하고, 책을 읽고 글을 씁니다. 그 시간이 제게는 가장 조용하고, 평화로운 시간이죠. 하지만 그 고요는 오래가지 않습니다. 7시가 되면 바로 육아가 시작됩니다. 아이들의 아침을 챙기고, 씻기고, 옷을 입히고, 준비물을 정리하고, 등원시키기까지 두 시간이 훌쩍 지나갑니다. 그 뒤로는 학원 픽업, 간식, 식사 챙기기, 병원 등으로 하루가 정신없이 흘러갑니다. 그리고 밤이 되면, 지친 몸과 마음으로 다시 아이들과 마주합니다. 그때 예상치 못한 문제 상황이 생기면, 저도 모르게 "아… 젠장…"이라고 말할 때가 있었습니다. 그런데,

그날 아이가 말했습니다. "아빠, 나 그런 말 들으면 무서워."라고 말했고 저는 그 말에 저는 깜짝 놀랐습니다. 내 말 한마디가 아이에게 공포로 다가가고 있었다는 사실을, 그제야 깨달았습니다.

부드럽게 대해 주고 있다고 생각했는데, 아이는 '무서운 아빠'로 느꼈던 순간이 있었던 겁니다. 저는 충격이었고, 동시에 너무 미안했습니다. 그동안 아무렇지 않게 해왔던 말투와 표정들이 아이에겐 상처가 될 수 있었던 거죠. 아이들은 부모의 말 한마디, 표정 하나까지도 그대로 받아들이고, 그 안에서 눈치를 보고 마음을 다칩니다. 아이는 그저 나를 '아빠'라고 생각하지, '오늘 아빠는 컨디션이 안 좋을 거야'라고 이해하진 않습니다. 그러니까 말투 하나, 단어 하나가 곧 '아빠의 마음'이 되는 겁니다.

그때 문득 떠오른 문장이 있었습니다. 태수 작가의 『어른의 행복은 조용하다』에 나오는 말이었습니다. "다정함은 체력에서 나온다. 달달한 사랑이나 찐한 우정도 결국 다 건강해야만 가능했다. 당장이라도 쓰러질 것 같은 사람에겐 부부도, 부부도 결국은 남이다."라는 문장을 읽는 순간, 가슴

깊숙이 와닿았습니다. 돌아보면 직장에서도, 가정에서도 체력이 바닥났던 순간엔 여유가 없었습니다. 누군가를 살피는 마음보다, 나 하나 간신히 버티는 데 급급했죠. 다정함은 고사하고, 무심해지기 일쑤였습니다. 피로는 짜증이 되고, 짜증은 말투가 되고, 말투는 아이의 상처가 됩니다. 그런데도 저는 잘해 주고 있다고 착각하고 있었습니다.

  제가 아이들과 육아휴직을 하며 시간을 보내지 않았더라면 이런 상황을 아무렇지 않게 간과했을 것입니다. 왜냐하면 체력이 부족할 땐 생각을 넓게 하지 못하게 되고 그런 상황들과 제 생각이 맞닿지 못하기 때문이죠. 아이들을 키울 때 많은 인내심이 필요합니다. 그러기 위해선 기본적으로 체력이 뒷받침되어야 너그럽고 관대하게 아이들을 이해할 수 있다고 그리고 요즘 육아를 하면서, 그 사실을 더욱 깊이 깨닫게 되었습니다. 그날 이후로 저는 결심했습니다. 아이에게 다정한 아빠가 되고 싶다면, 나부터 건강해져야 한다고. 그래서 매일 아침 5km를 목표로 달렸습니다. 처음에는 1km로 뛰기가 어려웠습니다. 제 주변에는 달리는 사람이 많지 않았지만, 온라인상에는 러너들이 의외로 많았습니다. 그중 제 이웃분의 말 한마디가 용기가 되었습니다. 5km

는 누구나 뛸 수 있고 그렇게 어렵지 않다. 이 말 한마디가 힘이 되어 1km도 못 뛰던 제가 귀에 이어폰을 꼽고 천천히 뛰어 보기 시작했고 5km를 단숨에 뛸 수 있었습니다.

"왜 계속 못 뛴다고 생각했던 걸까?" 돌아보니, 내가 뛸 수 없다고 계속 믿었기 때문에 결국 뛰지 못했던 것이었죠. 마라톤을 좋아하는 지인도 "사지가 멀쩡하면 5km는 물론, 10km도 충분히 뛸 수 있어요."라고 말했습니다. 계속 뛰어 온 사람들조차 달려 나갈 때 힘든 과정은 누구나 겪는다고 말했습니다. 어찌 보면 '달린다'는 것은 이겨내는 근육을 키우는 일이라는 걸 다시금 깨닫게 되었습니다.

요즘 저는 달리기로 몸을 깨우고, 마음을 준비하며 하루를 시작합니다. 땀을 흘리며 달릴 때마다 이런 생각이 떠오릅니다. 내가 조금 더 건강했더라면, 내가 조금만 더 쉬었더라면, 아이 앞에서 그런 말을 하지 않았을지도 모르겠다는 후회와 다짐이 함께입니다. 부드러운 말은 훈련이 아니라 '여유'에서 나옵니다. 그리고 그 여유는 결국, 체력에서 시작됩니다. 다정함은 마음만으로는 유지되지 않습니다. 아이를 사랑한다면, 나 자신부터 먼저 돌봐야 한다는 사실. 저는 이제야, 사랑하는 사람에게 다정해지기 위해선 나 자신부터 단단해져야 한다는, 그 당연한 진리를 배우고 있습니다.

아이의 한마디
'아빠, 놀아 줘.'

'아빠, 놀아 줘.' 두 딸이 가장 자주 하던 말이었습니다. 육아휴직을 하기 전에는 '휴직하는 아빠들은 편하고 좋겠다'는 막연한 생각을 했습니다. 하지만 실제로 아이들과 온종일 함께 시간을 보내 보니, 그 생각이 얼마나 단순한 착각이었는지 금세 깨달았습니다. 집에서 아내가 하는 일은 끝이 없다는 것을 금세 알게 되었습니다. 아이들을 돌보고, 밥을 챙기고, 집안일을 하고, 다시 아이들을 챙기고… 하루가 어떻게 흘러갔는지도 모를 만큼 바쁘게 지나갔습니다. 요즘 놀이터에서 만나는 엄마들과 대화를 나누다 보면, 그 고충이 절실하게 느껴집니다. 그녀들의 이야기를 듣다 보면, 남편들이 '찬밥' 신세가 되는 이유는 의외로 단순했습니다. 그들이 집에서 그렇게 행동하기 때문입니다. 물론 모든 남편이 그런 건 아니지만, 저 역시도 무의식적으로 '나는 밖에서 돈을 벌어오니까, 집에서는 쉴 자격이 있어.'라고 생각하고 있었습니다. 아버지 세대에게서 자연스럽게 배운 태도였는지도 모르겠습니다. 어제 한 엄마가 이런 이야기를 해 주셨습니다. '남편이 자꾸 저녁은 시켜 먹자고 해요.' 그 말이 단순히 편하자는 의미로 들리지 않았습니다. 엄마 입장에서는 배달 음식이 건강에 좋지 않고, 매번 시켜 먹는 것도 부담스럽습니다. 결국 '그럼 내가 애들 밥 해 줘야지' 하며 다시 주방에 서게 되는 겁니다. 그렇게 엄마들의 고단한 하루는 계속 이어지고 있었습니다. 육아휴직을 하고 나서부터는 아이들과 함께하는 시간이 많아졌습니다. 놀이터에 가면 자연스럽게 다른 아이들과 마주치게 되었고, 처음에는 어색해서 그저 웃기만 했습니다. 하지만 시간이 지나자 아이들의 순수한 웃음이 마음에 서서히 스며들었죠. 등하원길에 딸아이 친구들을 반갑게 맞이하고, 말장난을 건네다 보니, 아이들이 먼저 다가오며 낯선 풍경이 익숙해졌습니다.

　작년에 딸과의 관계가 멀어진 것 같다고 느낀 일이 있었습니다. 초등학교 1학년이 된 딸에게 이마에 뽀뽀를 했는데, 짜증을 내며 손으로 쓱 닦아냈습니다. 처음에는 아이가 자라면서 생기는 자연스러운 변화라고 생각했습니다. 하지만 어느 순간부터 아이가 저와의 대화를 피하고, 엄마에게만 기대는 모습을 보면서 제가 회사 일이라는 핑계로 자주 술을 마시고 늦게 귀가한 날들이 우리 사이를 멀어지게 했다는 걸 비로소 알게 되었습니다. 그래서 요즘은 아이와 함께 등하원을 하고, 같이 책을 읽으며 이야기를 나누고 있습니다. 그러고 나니 더 이상 '아빠, 왜 안 놀아 줘?'라는 말을 듣지 않게 되었습니다. 아이의 눈빛이 달라졌고, 저 역시 아이의 마음에 한 걸음 더 가까이 다가간 느낌이 듭니다. 배달 음식도 가급적 피하고, 아이들에게 "뭐 먹고 싶어?"라고 먼저 묻고 함께 만들어 먹는 시간을 늘려가고 있습니다. 인터넷 레시피를 찾아보면 따라만 해도 평균 이상의 맛을 낼 수 있는 방법들이 엄청나게 많다는거 알 게 됐습니다. 요리를 하다 보면 계속 사용하게 되는 비슷한 종류의 양념류들이 계속 사용되기 때문에 어렵지 않습니다. 고추가루, 설탕, 간장, 참치액, 굴소스만 잘 활용해도 꽤 괜찮은 아이들 반찬상이 차려집니다. 처음에는 메뉴 하나 따라 하기에도 벅찼지만, 하다 보면 30분 안에 2~3개의 요리와 밥을 금방 해낼 수 있을 정도로 실력이 금세 늘었습니다. 요즘 아이들이 종종 "아빠 반찬이 엄마보다 더 맛있어"라고 말해 주기도 합니다. 와이프에게는 조금 미안한 이야기지만, 그런 말을 들을 때마다 더 좋은 재료로 요리를 해 보고 싶다는 욕심이 생기곤 합니다. 아이들의 소화도 더 잘되고, 직접 건강한 식탁을 차려주는 일이 생각보다 뿌듯하다는 걸 느꼈습니다.

요즘 저는 '배가 떠나기 전에 잘해야 한다'는 생각을 자주 하게 됩니다. 우리 삶에서 가장 가까이 있는 것들을 너무도 당연하게 여기며 시간을 흘려보내고 있지는 않은지 되돌아 보게 됩니다. 시간이 흐른 뒤에 후회해도 이미 늦을 수 있습니다. 오늘 단 한 번이라도 괜찮습니다. 고개를 들어 주변을 둘러보세요. 우리가 놓치고 있는 건, 그저 눈앞에 익숙하게 있는 '가장 소중한 것들'일지도 모릅니다.

문해력
그건 나와 딸을 잇는 다리

저는 어릴 때 책이 정말 싫었습니다. 글자가 많다는 이유 하나만으로 읽기를 꺼렸고, 시험은 늘 감으로만 풀었습니다. 고등학교 시절, 언어영역 120점 만점에 50점도 채 못 받은 적이 많았습니다. 지문이 어려운 게 아니라, 글을 이해하는 힘, 곧 문해력이 부족했던 겁니다. 국어를 잘 못하니, 당연히 다른 과목들도 영향을 받아 따라가기 힘들었습니다. 수학의 응용 문제는 문제 자체를 해석하지 못해 풀 수 없었고, 과학 지문은 그저 익숙하지 않은 단어들의 나열처럼 느껴졌습니다. 문해력이 없다는 건, 문자화된 기록물을 통해 지식과 정보를 얻어도 그 의미를 이해하지 못하는 상태를 뜻합니다. 당시엔 몰랐지만, 지금 돌이켜 보면 그건 단지 공부를 못한 게 아니라 생각하는 법을 놓쳤던 겁니다. 10대 시절 저는 책 읽기를 거의 하지 않았습니다. 그래서 문제를 읽거나 친구들과 대화할 때도 의미를 파악하지 못한 채 어리둥절하곤 했습니다. 아버지께서 백과사전이나 국어 사전을 사 주셨지만, 거기에 있었던 내용들이나 스토리들이 잘 연결되지 않았던 것은 뒤돌아보니 책을 읽지 않아서 내용의 흐름이나 맥락을 따라가는 감각이 제 안에 쌓이지 않았던 것 같습니다.

시간이 흘러, 아빠가 된 저는 요즘 아이의 모습을 보며 낯설지 않은 감정을 느낍니다. 딸 아이는 요즘 스마트폰 쇼츠에 푹 빠져 있습니다. 하루에도 수십 개의 짧은 영상으로 도파민을 채우며 시간을 보냅니다. 사실 어른들도 마찬가지입니다. 잠시 쇼츠나 릴스를 보고 있으면 어느 순간 1시간이 훌쩍 지나간 것을 알게 되죠. 정말 무서운 것은 잠깐의 새로운 알림이 떠서 들어가는 순간 나의 1시간을 잃어버린다는 것이죠. 어른도 이런 상황인데, 절제력이 약한 아이들은 짧은 영상의 유혹을 떨치기가 더 힘들어 집니다. 우리는 아이들에게 식사할때나, 잠시 외부에 있을 때 핸드폰을 쥐어 줍니다. 잠시 후 아이는 핸드폰에서 눈을 떼지 못하게 됩니다. 게다가 개인 제작 영상 중에는 아이들이 보기엔 부적절한 콘텐츠도 많아, 더 큰 문제라고 느꼈습니다. 그런데 이게 문해력과 연관되어 그 짧은 영상에 익숙해진 아이가 긴 문장을 읽기 싫어하고, 그림책조차 '너무 길어.'라고 말하곤 합니다.

처음엔 '요즘 애들이 다 그렇지'라며 대수롭지 않게 넘겼습니다. 하지만 어느 날 밤 9시, 한글나라 학습지를 앞에 두고 한참을 고개만 숙이고 있던 딸의 모습을 봤습니다. 그때 알았습니다. 읽지 못하는 게 아니라, 그건 이해의 문제였습니다. 그건, 제가 겪었던 바로 그 막막함이었습니다. '아! 이대로 두면 내 아이도 나처럼 문해력이 떨어진 채로 자랄 수도 있겠구나.'라는 생각이 들었습니다. 그날 밤, 저는 스스로에게 질문했습니다. '나는 왜 책을 읽지 않았을까? 그리고 지금 나는, 내 아이에게 무엇을 해 줄 수 있을까?'

생각보다 답은 단순했습니다. 책을 함께 읽자. 말은 사라지지만 기록은 남고, 영상은 지나가지만 문장은 생각을 남긴다는 걸 늦게나마 깨달았습니다. 그렇게 우리는 하루에 한 권씩 책을 읽었습니다. 딸은 책을 읽고, 그림을 그리고, 그날을 글로 남깁니다. 저는 그 옆에서 그 과정을 함께 지켜보고, 때로는 같이 씁니다.

그렇게 시간이 지나자, 아이는 스스로 책을 읽는 날이 많아졌고 집에 볼 책이 없으면, 저에게 "도서관에 가자"고 자주 말합니다. 대신 저도 책을 읽는 모습을 자주 보여 주려 노력하고 아이와도 아빠랑 같이 책 읽자고 자주 말을 합니다. 아마 이런 분위기 조성은 부모에게 달려 있는거 같습니다. 지금 무심코 아이에게 핸드폰을 쥐어 주거나 TV를 틀어주며 시간을 오래 보내게 하게 되는 분이 있다면 잘 생각해야 합니다. 계속 그렇게 아이들 머릿속을 채운 건 부모인데 TV나 핸드폰을 본다고 잔소리하는 것이 맞는지 말이죠. 아이들은 엄마, 아빠가 어떻게 행동하느냐에 따라 크게 달라집니다.

요즘은 '문해력의 시대'라고 합니다. 하지만 저는 이렇게 말하고 싶습니다. 문해력은 점수가 아니라 '연결'입니다. 부모와 아이, 생각과 세상, 나와 내 마음을 이어주는 힘입니다. 책을 읽는다는 건, 그 연결을 만드는 가장 단단한 방법이기도 합니다. 그렇게 해서, 아빠와 딸의 30일 책 읽기 프로젝트가 시작되었습니다. 하루 한 권의 책, 한 장의 그림, 그리고 한 문장의 기록만으로도 우리는 서로를 더 깊이 이해할 수 있었습니다.

감자 하나로 시작된
우리 이야기

  육아휴직을 하고 가장 크게 달라진 건, 시간의 흐름이었습니다. 예전에는 회사 일로 바쁘다는 이유로 아이와 함께 있어도 대화를 많이 하지 않았고, 함께 있는 그 순간조차 어딘가 멀게만 느껴졌습니다. 아이의 생각이나 감동을 제대로 들여다볼 틈조차 없었습니다. 그냥 잘 지내고 있을 거라며, 스스로 위안 삼았던 거죠. 그런 저에게 변화가 찾아온 건 책 덕분이었습니다. 아이와 함께 책을 읽기 시작했을 때, 처음엔 단순한 습관 만들기의 일환이었습니다 하루 한 권씩, 짧은 동화라도 괜찮다고 여겼죠. 그런데 그 짧은 독서 시간이 생각보다 많은 것을 바꾸어 놓았어요. 어느 날, 할아버지가 텃밭에서 키운 감자를 이웃에게 나눠 주는 따뜻한 이야기 한 편을 읽었습니다. 할아버지가 키운 감자를 이웃들과 나누고, 그 감자를 받은 이들이 감사한 마음에 다시 자신만의 요리를 해 할아버지께 돌려주는 이야기였죠. 저는 그 따뜻한 나눔과 공동체 정신에 감동받았는데, 아이는 전혀 다른 이야기를 들려주었습니다.

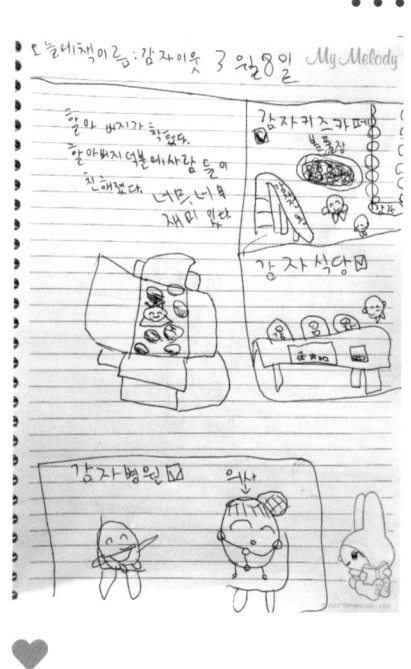

"아빠, 이걸로 감자 병원을 만들면 재밌겠어! 감자 환자도 있고, 감자 의사도 있고! 그리고 감자 키즈카페도 있으면 진짜 좋겠다!"라며 아이는 볼펜을 들고 그림을 그렸습니다. 감자 모양의 의사, 요리사, 어린이들이 등장하는 감자 세상을 뚝딱 만들어 냈습니다. 어른인 저는 그저 '좋은 이야기'라고 생각했던 글에서, 아이는 완전히 새로운 세계를 상상하고 있었던 겁니다. 그때 알게 되었습니다. 아이는 글을 읽는 게 아니라, 마음으로 느끼고 상상으로 이어 간다는 걸요. 책을 읽는다는 건 단순히 정보를 받아들이는 게 아니라, 서로의 마음을 들여다보는 창이 될 수도 있습니다. 그 뒤로 우리는 책을 읽은 후, 짧은 글을 함께 쓰기 시작했습니다. 아이는 느낀 감정을 자유롭게 말하고, 저는 그걸 글로 옮기거나 같이 적어 보자고 합니다. 그렇게 한 줄, 한 장씩 우리만의 기록이 쌓여가기 시작했습니다.

어느 날은 아이는 "아빠, 나 오늘 쓴 글이 너무 마음에 들어. 나중에 이걸 책으로 만들면 좋겠다."라고 말하네요. 그 말을 듣는 순간, 문득 가슴이 먹먹해졌습니다. 이건 단순한 글쓰기 연습이 아니라, 아이의 마음을 표현하는 과정이자 우리 사이를 이어주는 다리였다는 걸 깨달았으니까요. 요즘 우리 가족은 하루에 한 권 책을 읽고, 한 줄의 글을 남기고, 그림을 그립니다. 그림 속에는 아이의 오늘이 담겨 있고, 짧은 글 한 줄에는 아이의 꿈이 슬쩍 고개를 내밀기도 합니다. 저는 그런 작은 조각들을 하나하나 모아, 우리 가족의 이야기를 다시 쓰고 있습니다.

책은 우리에게 대화의 시작이 되었고, 글쓰기는 마음의 창이 되었습니다. 말하지 않아도 느껴지는 감정, 표현하지 않아도 전해지는 진심. 그 모든 감정과 마음이 책과 글을 통해 조용히 이어졌습니다. 그리고 저는 이제 조금 더 확신합니다. 가족을 사랑하는 방법은 거창한 선물도, 대단한 이벤트도 아니에요. 같은 눈높이에서 이야기하고, 시간을 나누고, 마음을 함께 나누는 것. 그게 바로 사랑이고, 우리가 매일 조금씩 쌓아가는 가족만의 행복한 모양 아닐까요?

시나모롤과 마이멜로디,
아이 글쓰기의 첫 친구

  어느 날, 도서관에서 책을 고르다가 아이들의 글쓰기 책들이 눈에 들어왔습니다. 평소 같았으면 그냥 스쳐 지나갔을지도 모릅니다. 하지만 그날은 달랐습니다. 육아휴직 중이라 여유가 생긴 저는 그동안 바쁜 일상 속에 놓쳤던 부분들을 되돌아보고 있었습니다. '내가 아빠로서 아이에게 어떤 시간을 주었나' 하는 질문이 머릿속을 맴돌고 있던 참이었죠. 자연스레 아이 관련 서가 앞에 멈췄고, 글쓰기와 독서 지도 책을 다섯 권쯤 골라 읽기 시작했습니다.

  책들의 주된 내용은 의외로 간단했지만, 그 안에 담긴 의미는 깊었습니다. 아이들이 책과 글쓰기에 흥미를 느끼게 하려면, 마치 놀이처럼 자연스럽게 접근해야 한다는 것이었습니다. 억지로 책을 읽히거나 글을 쓰게 하면, 아이들은 금세 흥미를 잃고 오히려 거부감을 느낀다고 했습니다. 어른들도 마찬가지지만, 아이들 역시 '공부'라는 말만 들어도 마음을 닫는다는 걸 새삼 느꼈습니다. 어릴 적 저 자신을 떠올려봐도 그랬습니다. 숙제로 하게 된 독후감은 늘 '귀찮은 숙제'였고, 내용보다는 분량을 채우는 데 급급했으니까요. 문득, 올해 초등학교 2학년이 된 딸아이가 생각났습니다. 새 학기를 맞이한 아이는 설렘과 함께 알 수 없는 긴장을 안고 있었습니다. 겉으로 말은 안 했지만, 새로운 친구들과 선생님 사이에서 적응하는 아이의 어깨엔 조용한 긴장이 드리워져 있었습니다. 아빠로서 그간 회사 일에 치여 아이와 많은 시간을 보내지 못했다는 아쉬움이 문득 밀려왔습니다. 그래서 이번 육아휴직 기간만큼은, 아이에게 더 따뜻한 어른으로 남기로 다짐했습니다.

　그 첫걸음으로, 저는 아이와의 독서와 글쓰기를 함께해 보기로 했습니다. 무작정 "책 읽자", "글 써 보자"라고 말하지 않았습니다. 아이가 좋아하는 시나모롤 캐릭터가 그려진 예쁜 노트와 펜을 선물로 사주며 "이걸로 네 이야기 적어볼래?"라고 말하며 조심스럽게 내밀었죠. 아이들은 어른보다 훨씬 직관적이고 순수하기에, 억지보단 '좋아하는 것'을 먼저 꺼내야 잘 반응한다는 걸 알고 있었거든요. 아이는 놀란 눈으로 노트와 펜을 바라보더니, "진짜 내 거야?"라고 물었어요. 저는 고개를 끄덕였고, 아이는 금세 책상에 앉아 글을 썼습니다. 그렇게 '1일 한 권 읽기'와 '읽고 나서 느낀 점 한 줄 쓰기'를 했어요. 특별한 방식은 아니었습니다. 다만, 매일 책을 읽은 뒤 아이가 느낀 점을 짧게 노트에 적는 방식으로 진행했습니다. 첫날은 학교에서 받은 알림장을 꺼내더니, 짧은 문장으로 학교생활 이야기를 적고, 말없이 노트를 덮었습니다. 저는 속으로 '이렇게 하면 되는 거였구나!' 하고 감탄했습니다. 그때 떠올랐습니다. 도서관에서 읽은 책들에 있었던 문장들. 아이는 강요받지 않았기에 마음을 열었고, 스스로 참여하고 있다는 느낌 덕분에 자연스럽게 따라온 것이었습니다. 그날 이후로 저는 아이가 학교에서 돌아오면 함께 책 한 권을 읽고, 그 내용을 바탕으로 대화를 나눈 뒤, 짧은 글을 쓰는 시간을 갖기로 했습니다. 이것이 일상이 되기 시작하자, 우리 사이에도 조금씩 변화가 생겼습니다.

무뚝뚝하던 아빠가 책을 읽고 이야기하는 사람으로 바뀌었고, 아이는 "아빠, 오늘 책 뭐 읽어?" 하고 먼저 물어보곤 했습니다. 아이만 글을 쓰는 줄 알았지만, 사실은 저도 함께 마음을 쓰고 있었던 겁니다. 아이와 함께 보낸 그 시간들이 제게도 글쓰기의 새로운 의미를 알려 주었습니다. 육아는 결국 관계입니다. 그리고 관계의 시작은 '함께'입니다. 그렇게 저는 책과 노트, 그리고 한 자루의 펜으로 아이와 다시 연결되었습니다. 책을 읽고 글을 쓰는 시간은 더 이상 과제도, 숙제도 아니었습니다. 그것은 우리 가족에게는 작은 놀이였고, 하루를 기록하는 소중한 시간이며, 저를 더 따뜻한 아빠로 성장시키는 연습이었습니다.

『준치가시』는
딸의 첫 글쓰기 교과서

아이에게 "어떤 책을 읽을래?"라고 물어보자 엄마와 재미있게 읽었던 『준치가시』 동화책을 꺼냈습니다. 이 책은 가시가 없던 물고기가 다른 물고기들에게 가시를 하나둘씩 받으며, 들쑥날쑥한 가시를 갖게 되는 이야기입니다. 책을 읽고 아이에게 '오늘 읽은 책 읽고 느낀 점이 뭐야?'라고 물어보자마자 아이는 부담스러워했습니다. "아빠, 그런 건 쓰기 싫어. 모르겠어."라며 곧장 선을 그었습니다. 순간 당황스러웠습니다. 아이가 세 문장 정도는 쉽게 적을 것이라고 예상했거든요.

그래서 재빠르게 태세 전환을 하여, 우리 그럼 그림을 그려 보자고 했는데 아이가 반응이 시큰둥했습니다. 난감한 순간이 이어졌고, 머릿속에는 물음표가 가득 찼습니다. 하지만 잠시 멈춰 천천히 생각해 보았습니다. 초등학교 시절 제가 그림일기를 쓰던 기억이 떠올랐습니다. 그림을 그리고, 짧은 글을 적었던 그때처럼요. 우선 동화책 내용 중에서 마음에 들었던 페이지를 물어봤어요. 그리고 제가 먼저 노트에 그림을 그리니 아이도 따라 그렸어요. 제가 "물고기가 참 특이하고 재미있지?"라고 묻자 "내가 가시 많은 물고기라면? 어떨 거 같아?"라고 질문을 던졌어요. 그러자 아이는 "내가 가시 많은 물고기면 물고기 친구들이 놀릴 것 같아."라고 조심스레 말했어요. 아이와 같이 그림을 그리고 하나씩 질문을 던져 가면서 대화를 해 보니 아이가 반응을 해서 신기했습니다.

제 생각에 아이들은 처음 해야 되는 상황에서는 마음의 준비가 되지 않았기에 당황하거나 불편해하는 거 같았어요. 아빠가 갑자기 책을 읽자고 하고 생각을 물어보고 느낀 점을 말하라고 하니 아이의 입장에서는 불편할 수밖에 없었겠죠. 아이와 이런 과정을 거치면서 보니, 책 읽고 글쓰기는 아이들의 오타나 띄어쓰기들도 지적을 안 하는 게 좋은 거 같아요. 저도 아이와 함께 연습장을 하나 꺼내서 자유롭게 낙서하듯 써 나갔습니다. 제가 노트에 그리기 시작하니 아이도 책을 보며 그림을 그리기 시작했어요. 그리고 저는 그림 옆에 말풍선을 그려 "내가 준치가시라면 가시가 많아서 무서울게 없을 거 같다고."라고 적었더니, 아이도 말풍선에 적었어요. "물고기 친구들이 놀릴 것 같다."라는 아이의 말을 생각해 보며 역시 어른과 아이의 생각은 다르다는걸 알게 됩니다.

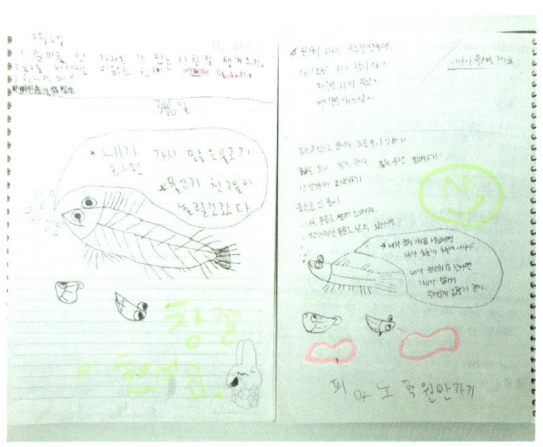

아이의 글쓰기(좌), 아빠의 글쓰기(우)

아이는 편안하고 자연스러운 환경을 좋아했습니다. 혼자서 그림 그리던 아이에게 갑자기 책 읽고 글을 쓰자 하니, 당연히 낯설고 불편했을지도 모르죠. 그리고 아빠와의 관계가 소원해졌는데 갑자기 책을 보자고 하니 딸아이의 입장에서도 마음의 문이 닫혔을 수도 있겠다는 생각이 들었습니다.

하지만, 『준치가시』를 시작으로 딸아이와 1일 한 권 읽기와 그림 그리고 글쓰기가 잘 시작되었죠. 저는 평소에 책 읽기를 좋아하는데, 제가 좋아하는 책만 사서 봤던 제 자신을 보며, 아이에게 미안하게 느껴졌습니다. 그렇게 『준치가시』는 딸과의 첫 번째 읽고 쓰는 책이 되었습니다. 아이의 그림 한 장, 말풍선 속 한 문장이 그날부터 우리 부녀의 마음을 조금씩 이어붙이기 시작했습니다. 완벽하지 않아도 괜찮습니다. 생각을 말로 다 표현하지 못해도, 그림 한 장에 마음이 담겨 있다면 그것만으로 충분합니다. 아이와 함께 쓰는 글은 정답을 찾는 공부가 아니라, 서로의 마음을 천천히 들여다보는 창이기 때문입니다. 그날 이후, 우리 부녀의 하루 끝은 책 한 권, 그림 한 장, 짧은 글 한 줄로 채워졌고, 저는 조용히 확신했습니다. 이 작고 느린 기록들이 결국 우리 가족의 이야기를 다시 써 줄 것이라고요.

아이의 문장에 피어난
생각의 꽃

　아이는 집에 있는 책들을 계속 보다 보니, 점점 지루하게 느껴졌습니다. 처음에는 즐겁게 펼쳐 보던 책들도, 어느새 책장에 그대로 꽂힌 채 손이 가지 않았습니다. 억지로 권할 수는 없고, 그렇다고 그냥 두기에도 애매한 시간이 이어졌습니다. 그리하여 아이가 학교가 끝나면 함께 도서관을 방문했습니다. 도서관에 도착한 아이는 처음 보는 책 표지를 한참 들여다보거나, 궁금한 책을 두세 권 골랐습니다. 함께 읽고, 짧은 생각을 이야기로 나누고, 때로는 아이가 직접 한두 줄의 글을 적어봅니다. 그렇게 하루하루가 쌓였습니다. 매일 저녁, 나란히 앉아 책장을 넘기며 등장인물에 대해 이야기 나누다 보니 어느새 한 달이 훌쩍 지났습니다.

2학년이 되면서 학교에서는 '독서록 기록장'을 주었습니다. 아이는 그동안 읽었던 책들을 한 권씩 떠올리며 천천히 제목을 적습니다. 줄거리를 요약하고, 느낀 점을 적고, 때론 등장인물에게 편지를 씁니다. 그러던 어느 날, 담임 선생님께서 학급 전체의 독서 활동을 점검하셨고, 많은 아이들이 아직 책을 많이 읽지 않았다는 사실을 알려주셨습니다. 그때 제 딸이 가장 많은 책을 읽었다며, 교실 앞에서 칭찬을 받았다고 자랑스럽게 이야기합니다. 칭찬을 받은 날, 아이는 집에 돌아오자 마자 연간 독서 목표를 세웠습니다. "올해는 책 250권을 읽을 거야!"라고 아이는 그 목표를 벽에 붙여 두고, 자기 자신에게 다정한 응원의 말을 적어 두었습니다.

"하린아, 뭐든 열심히 해.", "하린아 잘해 봐."

그 문장을 바라보는 순간, 저는 말없이 고개를 끄덕였습니다. 아이가 누군가에게 인정받은 것도 기뻤지만, 스스로를 격려하고 다잡는 그 마음이 더 감동적이었습니다. 뿐만 아니라, 아이의 말과 글에서도 성장이 느껴졌습니다. 숙제나 학습지에 적은 내용을 살펴보면, 생각이 점점 더 풍성해지고 있다는 게 느껴졌습니다. 예전에는 단순히 한 줄로 적던 아이의 문장이, 이제는 자신의 생각과 감정을 곁들여 더 넓게 표현합니다.

질문 임금의 명령을 받은 불개는 지금까지도 뜨거운 해와 차가운 달을 삼켰다 뱉었다 하고 있어요. 불개의 성격은 어떨지 써 보세요.

과거 답변 불개는 멋져요.
현재 답변 불개는 참을성이 없지만, 포기하지 않는 모습이 멋져요.

 예전 같았으면 "불개는 멋져요."라고 끝났을 글이었지만, 이제는 상황을 이해하고, 그 속에서 느낀 점을 더해 자신만의 문장으로 표현할 수 있습니다. 단순한 지식이 아닌, 생각의 힘이 자라고 있다는 걸 보여 주는 순간이었죠. 아이는 여전히 동화책을 좋아하고, 새로운 책을 만나면 눈을 반짝입니다. 그리고 저는 매일 아이 곁에서 책장을 함께 넘기며, 또 한 달 뒤의 변화를 기대하고 있습니다. 책은 그렇게, 우리 사이의 대화였고, 아이의 내면을 자라게 해 주는 가장 좋은 친구가 되었습니다.

책이 머무는 공간,
아이가 머무는 마음

아이들은 자연스러운 환경 속에서, 강요받지 않는 자유로운 분위기에서야 비로소 책을 읽는 것을, 저는 지난 한 달간 뼈저리게 느꼈습니다. 처음에는 저도 방법을 찾으려 애썼습니다. 책 한 권을 읽을 때마다 무언가를 보상해 주거나, 미션처럼 과제를 주고 수행하게 해 보기도 했죠. 물론 처음 며칠은 효과가 있습니다. 그러나 시간이 지나자 아이는 책보다 보상에 집중하기 시작했고, 더 큰 것을 원했고, 기대치는 점점 높아지며 책 읽기의 본래 목적은 희미해져 갔습니다. '왜 이런 방식이 어른들에겐 익숙하면서도 아이들에겐 한계를 보일까'라는 질문을 스스로에게 던지게 되었습니다.

그러던 어느 날, 아이와 함께 책을 읽으려던 저녁이었습니다. 평소와 다름없이 책을 펴려던 찰나, 아이는 조용히 고개를 저었습니다. "오늘은 책 보기 싫어."라고 말했을 때, 저는 한 박자 멈춰 섰습니다. 억지로 책을 보게 하면 읽는 흉내는 낼지 언정, 그 안의 문장은 마음속에 도달하지 못한다는 걸 잘 알고 있기에, 그냥 아이 옆에 앉아 조용히 있었습니다. 아이를 키우는 부모라면 아마 비슷한 경험을 했을 겁니다. 아이가 내 계획대로 움직이지 않을 때, 왠지 모르게 답답하고, 괜히 조급해지고, 또다시 '내가 뭘 잘못하고 있는 걸까?'라는 자책이 고개를 듭니다. 하지만 그 순간들을 지나며 저는 조금씩 배웠습니다. 아이의 컨디션과 감정을 존중하는 것이 먼저라는 사실을요.

그런 고민을 품은 채, 어느 날 우리는 고척돔에 있는 서울아트 책보고에 가게 되었습니다. 큰 기대 없이 방문했던 그 공간에서 저는 전혀 다른 풍경을 마주하게 됐습니다. 아이들이 자유롭게 동화책을 읽고, 책 위에 기대어 그림을 그리고, 옆 아이와 책 이야기를 나누는 모습들. 말 그대로 '책이 중심이 되는 자연스러운 공간'이었습니다. 저 역시 말없이 아이 곁에 앉아 책장을 넘겼습니다. 그랬더니 아이도 조심스럽게 책을 한 권 꺼내 들었습니다. 그리고 또 한 권, 또 한 권. 그렇게 읽은 책이 여섯 권이나 되었죠. 집에서는 아무리 유도해도 집중하지 않던 아이가, 오히려 그 공간에서는 스스로 책을 찾고 읽고 있었습니다. 신기했던 건 그날 집에 돌아와서였습니다. 아이가 읽은 책 제목을 보여 주었습니다. 그리고는 저에게 짧게 감상도 말해 주었습니다. "이 책은 주인공이 엉뚱해서 웃겼어.", "여기 그림이 진짜 멋졌어."라고 말했어요. 저는 순간 멈칫했습니다. 이게 바로, 아이 안에서 일어난 자발적인 반응이라는 걸 직감했기 때문입니다.

 그날의 경험은 저에게 커다란 메시지를 남겼습니다. 아이에게 책을 읽게 하려면, 책을 가르치려 들기보다 '책을 중심으로 한 환경에 자연스럽게 노출시키는 것'이 훨씬 강력하다는 사실을요. 책을 읽는 공간의 공기, 주변 사람들의 분위기, 그리고 그 안에서 만들어지는 대화들. 그런 요소들이 모여 아이를 조금씩 책으로 이끌고 있었습니다. 그래서 저는 이 공간을 어떻게 할지 고민하다가, 거실의 잘 보이는 한편에 작은 상을 펴고 그 위에 책을 올려두었습니다. 그러면 자연스럽게 아이가 집에서 오고가며 책을 한 권씩 열어 보고 책과 아이가 함께 스스로 독서의 세계를 만들어 갑니다. 저는 그 곁에서 조용히 아이와 함께 도서관에 가서 책을 빌려

주고 그 공간에 책을 올려 두기만 하면 됩니다.

작은 책 한 권이
만든 기적

  첫째 아이와 책을 읽기 시작한 건, 하루에 한 권이라도 짧은 시간을 함께 해 보자는 생각이었어요. 처음엔 조금 낯설고 어색했지만, 며칠이 지나자 아이가 먼저 "우리 책 읽자!"고 말할 만큼 자연스러워졌습니다. 예상치 못했던 건, 둘째 아이가 조용히 다가와 언니 옆에 앉았다는 점이었습니다.

  단순한 호기심일 거라 생각했지만, 시간이 지날수록 그림책을 넘기며 혼잣말로 이야기를 지어내거나, 혼자 책을 꺼내는 모습도 보였어요. 그 무렵, 책을 거실에 두면 아이들이 더 자주 펼쳐본다는 걸 알게 되었습니다. 특히 스스로 고른 책은 반복해서 꺼내 보는 경우가 많았습니다. 책 읽는 시간은 점차 우리에게 소중한 루틴이 되었고, 책은 단순히 지식을 전달하는 도구가 아니라, 서로 웃고 이야기하며 관계를 깊게 만들어 주는 따뜻한 매개체가 되었어요.

저는 아이가 책을 읽을 때마다 아낌없이 칭찬을 건넸습니다. "우리 딸 책 읽는 모습, 아빠는 너무 좋아.", "어떻게 그런 표현을 할 수 있어? 정말 멋지다."라는 말을 들을 때마다 아이의 눈빛은 반짝였고, 자신감이 조금씩 쌓여가는 걸 느낄 수 있었습니다. 어느 날 아침, 첫째가 자연스럽게 둘째에게 책을 읽어 주기 시작했고, 이어서 "이번엔 네가 읽어봐."라고 말하자 둘째가 "알았어, 언니."라고 하며 책을 읽었어요. 아직 글씨를 다 모르는 아이였지만, 그림을 보며 기억을 떠올리고, 상상의 나래를 펼치며 이야기를 이어 갔습니다. 저는 그 모습을 조용히 바라보다가 "아빠는 네가 동생에게 책 읽어 주는 모습이 정말 감동이야. 정말 멋지다."라고 말해 주었어요. 그날 이후, 첫째가 책을 읽기 시작하면 둘째는 옆에 조용히 앉아 귀를 기울였고, 때로는 먼저 책을 들고 오는 날도 있었습니다. 책을 읽지 않으면 허전해하는 아이의 모습도 자주 보게 되었고, 가끔은 "왜 아빠가 책 읽자고 안 해?"라고 물어보기도 했습니다.

물론 "또 책 읽으라고? 히잉…"이라며 투덜거리는 날도 있었지만, 그 모든 반응이 사랑스럽고 감사했습니다. 이런 시간을 통해 알게 된 건, 아이의 책 읽기 습관은 자연스럽게 만들어지는 게 아니라, 부모가 함께 관심을 갖고 루틴을 만들어 줘야 한다는 점이었습니다. 강요보다는 노출, 선택보다는 공감, 그리고 무엇보다 진심 어린 칭찬이 가장 큰 힘이 된다는 걸 깨달았습니다. 한 달 동안 이어진 이 작은 루틴은 우리 가족의 일상을 바꿔 놓았습니다. 책은 조용히, 그러나 깊고 단단하게 아이의 마음에 뿌리를 내렸고, 오늘도 저는 기대합니다. 또 어떤 이야기가 우리 가족을 기다리고 있을지, 그 이야기를 통해 아이들이 어떤 상상을 펼칠지 말입니다.

3부
아이와 동화책 만들기

"아이의 단순한 그림 한 장에서,
세상에 하나뿐인 예술이 시작될 수 있다."

아이의 그림 소재 모으는 법

 어린이집, 유치원, 그리고 초등학교를 다니는 동안 아이들은 정말 많은 그림을 그립니다. 크레파스, 물감, 색연필로 가득 채워진 도화지 속에는 아이의 상상력과 감정이 고스란히 담겨 있습니다. 하지만 그 많은 그림들이 시간이 지나면 어떻게 될까요? 부모 입장에서 보면 참 애매한 순간이 찾아옵니다. 공간은 한정되어 있고, 매일같이 쌓이는 그림들을 전부 보관하기도 어렵습니다. 그래서 어느 순간부터 조심스럽게, 혹은 미안한 마음으로 하나둘씩 정리하게 됩니다. 저희 집도 그랬습니다. 버린다고 말은 못하고 '정리했다'고 둘러댔지만, 마음 한편에는 아쉬움이 남았습니다. 하지만 언젠가부터 저는 아이의 그림을 다른 시선으로 바라보았습니다. 그냥 귀여운 낙서가 아니라, 아이의 마음을 엿볼 수 있는 하나의 '창'처럼 느껴졌기 때문입니다. 오늘 그린 해님은 왜 웃고 있는지, 친구를 그린 그림에 왜 꼭 본인이 등장하는지, 어떤 색을 자주 쓰는지 등을 찬찬히 들여다보다 보면, 그 속에서 아이의 감정과 관심사가 느껴집니다. 그리고 놀랍게도 이 그림들은 '동화책'이라는 새로운 세계로 이어지는 훌륭한 창작 소재가 되었습니다. 아이가 그린 코끼리, 말풍선 속 한마디 말, 마구 휘갈긴 낙서조차도 이야기가 될 수 있었습니다. 이때부터 저는 아이의 그림을 버리는 대신, 디지털로 기록하고 모았습니다. 이런 그림들을 어떻게 정리하고, 어떻게 이야기에 활용할 수 있을까요? 또, 어떻게 하면 이 그림들을 ChatGPT와 함께 멋진 동화책이나 짧은 만화로 만들어 볼 수 있을까요? 방법은 생각보다 간단합니다. 아이 그림을 사진으로 찍어 정리하세요. 스마트폰으로 촬영한 후, 아이 이름/날짜/주제 등을 간단히 메모해서 폴더에 저장하면 됩니다. 구글 포토(15GB 무료), 네이버 MyBox(30GB 무료)에 저장해 보세요. 그리고 그림에 대한 아이의 설명을 짧게 받아 적어 두세요. "이건 뭐야?", "왜 이렇게 그렸어?"와 같은 질문에 대한 아이의 말은 그대로 스토리의 핵심이 됩니다.

ChatGPT에게 "이 그림을 바탕으로 짧은 동화를 써 줘"라고 말해 보세요. 아이가 "토끼가 하늘을 날고 있어"라고 그린 그림이라면, ChatGPT는 "하늘을 나는 토끼 토토"라는 귀엽고 감동적인 이야기를 만들어줄 수 있어요. 그리고 이를 가지고 4컷 만화나 6컷 짧은 이야기로 구성해 보세요. 글이 길 필요는 없습니다. 한 컷마다 대사 한 줄이면 충분합니다. 그림에 상상력을 더하는 방식으로, 가족 모두가 참여할 수 있는 놀이가 됩니다. 이렇게 하면, 아이가 창작의 주인공이 되고, 부모는 응원자이자 기록자가 됩니다. 무엇보다 이 과정에서 아이는 자신의 생각이 가치 있다는 경험을 하게 됩니다. 이는 또 자기 표현력, 창의력, 자존감 형성에 큰 영향을 줍니다.

저는 최근 아이의 그림을 하나하나 들여다보며, 부모가 아이와 보내는 시간이 얼마나 중요한지 다시금 느꼈습니다. 단지 그림을 잘 그리는 것보다, 아이가 무엇을 생각하며 그렸는지에 관심을 갖는 태도가 더 소중했습니다. 그렇게 부모의 관심은 자연스럽게 아이의 창의력에 불을 붙이고, 일상 속에서 작은 기적을 만들어 냅니다. 동생이 있다면, 언니나 형의 말과 행동이 자연스럽게 이어지는 것도 볼 수 있습니다. 좋은 언행은 다음 세대로, 가족 전체로 확산됩니다.

결국 부모의 관심과 따뜻한 시선이, 아이의 그림 한 장을 특별한 이야기로 바꾸고, 가족의 기억으로 남게 해 주는 것이죠. 오늘, 혹시 아이가 그린 그림 한 장이 있다면 버리기 전에 한 번 더 들여다보세요. 그 안에 아이의 마음과, 우리 가족만의 이야기가 숨어 있을지 모릅니다. 아이의 단순한 그림 한 장에서, 세상에 하나뿐인 예술이 시작될 수 있습니다.

한 문장, 한 장면, 한 세계

 아이와 책을 읽으며 대화를 하면 여러가지 생각들이 여기 저기서 톡톡 튀어나옵니다. 처음에 물꼬를 터 준다고 해야 할까요? 책도 그렇고 아이의 생각도 꺼내 주기 위해서는 책 속에 등장했던 인물이나 배경 사건에 대해서 아이에게 물어 보면 아이가 스스로 대답을 합니다. 백희나 작가님의 『달샤베트』를 읽고 나서 아이가 툭 던진 말이었어요. "동화책 달샤베트에서 달 대신 해로 그림을 그려 보면 좋겠어."라고 말하며 딸아이는 그 내용을 종이에 적었습니다. 저는 물어봤어요. "그림은 어떻게 그리면 좋을 거 같아?"라고 묻자 딸아이는 "우선, 해가 있으면 좋겠고 해가 눈처럼 녹아내리는 장면을 그렸으면 좋겠어.", "그 다음?", "밑에서 아이가 바구니에 해에서 떨어지는 방울들을 바구니에 담는 장면을 그리고 싶어."라고 말했죠. 아이의 생각의 실마리가 풀렸습니다. 아이의 이야기로 생각의 구조를 만들어 나가기 시작한 거죠. 아이들의 생각은 풍부하고 다양합니다. 다만, 생각과 생각의 연결이 이어졌을 때 더 큰 이야기와 소재거리로 만들어졌어요.

 부모가 옆에서 아이의 이야기를 들으며 다음 단계로 이어질 생각이나 말들을 던져 주면 아이는 스스로 생각하고 상상해서 더 큰 우주를 그립니다. 대신 중요한 건 옆에서 관심을 가져가면서 계속 아이의 생각에 기름칠해 주는 일입니다. 그러면 점점 아이는 더 큰 흥미를 느끼게 되죠. 그래서 아이의 생각과 말을 아이랑 이야기하며 스토리를 만들어 보았습니다. 아래 기본 사항을 ChatGPT에 넣고 아래와 같이 넣으면 끝 입니다.

| 등장인물 | 해 샤베트, 토끼, 마을 사람들
| 배경 | 하늘과 땅
| 문제 상황 | 날이 추운 어느 지역에 사람들이 추워하고 배고파 했다.
| 해결 | 해 샤베트가 떨어지면서 사람들에게 해 샤베트를 토끼가 나누어 주었고 추위를 이겨 내었다.

　기본적인 인물설정과 배경 그리고 내용을 담아서 아이와 이미지를 ChatGPT로 생성해 보니 한 장면의 그림이 완성되었습니다. 비록 그림은 AI가 그렸지만, 도화지 위에는 아이의 생각이 담겼습니다. 아이는 자기가 생각한 것과 이미지 생성이 되어서 즐거워하고 저 또한 아이의 생각을 이미지 된 모습을 보며 아이들의 위대함을 다시 한번 느꼈습니다. 아이들은 무한한 생각을 가지고 있으니 부모라면 아이의 생각을 확장시켜 주는데 도와주어야 합니다. 그러면 우리는 아이의 또 다른 면모를 발견하게 될 것입니다.

처음 써 보는
AI ChatGPT 프롬프트

    ChatGPT의 프롬프트란 ChatGPT에게 하고 싶은 말을 입력하는 것입니다. 예를 들어, "동화책처럼 이야기 써 줘", "친구한테 보내는 편지 써 줘", "고양이 그림 그려 줘"라고 하는 말들이 다 프롬프트입니다. 말하자면, ChatGPT에게 건네는 질문 또는 부탁입니다. 내가 원하는 프롬프트를 전달하면 ChatGPT는 그 말을 알아듣고 해석합니다. 우선 ChatGPT에 들어가기 위해서 chatgpt.com 사이트에 방문을 합니다. 회원 가입 혹은 구글 아이디로 바로 로그인이 가능합니다.

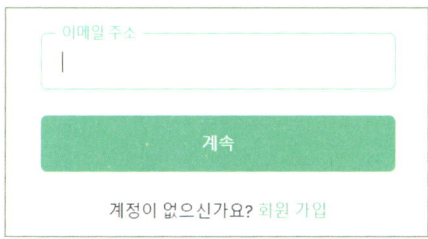

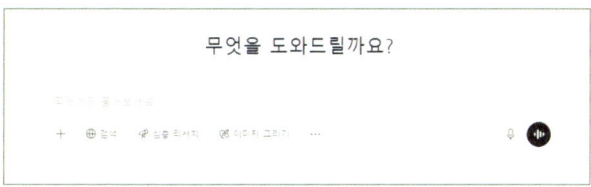

　로그인을 하면 친절하게 "무엇을 도와드릴까요?"라고 나오며, 앞의 화면이 ChatGPT에 우리가 프롬프트를 입력할 채팅창입니다. 우리가 인터넷 검색을 할 때 검색창에 쓰는 것과 동일하게 쓰면 되며, 감성적으로 쓰던 짧게 쓰던 다 이해하고 받아들입니다. 그래서 때론 검색 엔진보다 더 편리할 때도 많이 있습니다.

　하루는 아이가 근처의 유수지에 현장체험 학습을 다녀왔습니다. 거기에서 토끼풀, 불개미, 배추흰나비, 꿀벌, 진달래를 보며 자연을 느끼고 왔어요. 아이들은 자연과 함께할 때 더욱 순수한 모습을 보여 주는 것 같습니다. 이 현장학습에 다녀온 일지를 가지고 간단하게 ChatGPT와 함께 연습을 해 보겠습니다. 아래 사진을 보시면 '+' 비튼이 있습니다. 이 버튼을 누르고 '사진 및 파일 추가'를 클릭하면 ChatGPT에게 사진을 보낼 수 있습니다.

사진 첨부 전

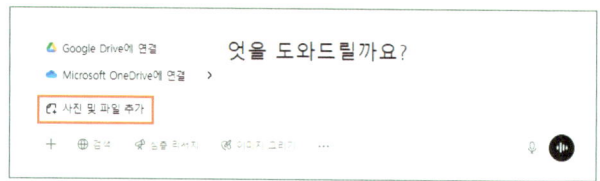

사진을 첨부 후에 아래와 같이 한 번 써 보세요. '첨부사진은 아이가 그린 그림이야. 이 그림을 가지고 만화를 만들어 볼까 해. 4컷으로 할 건데 스토리를 한번 잡아 볼까?'라고 한 후 화살표를 누르면 실행이 됩니다. 창조는 모방의 어머니이니 우선 ChatGPT가 하는 것을 따라 해보는 것만으로도 좋은 연습이 됩니다.

사진 첨부 후

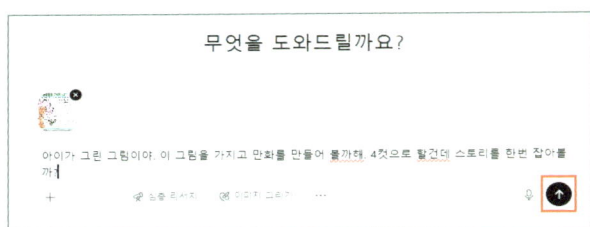

프롬프트를 넣으면 아래와 같이 스토리 라인을 잡아 줍니다.

4컷 만화 스토리 구성: 『거북이 마라톤』

1컷. [출발!]

장면   학교 앞에서 출발 준비 중인 아이들
대사   - 친구1: "오늘은 느긋하게 걷는 마라톤이래!"
       - 친구2: "우리도 거북이처럼 가보자!"

2컷. [벚꽃길 따라]

장면   아이들이 벚꽃 나무 아래를 걸으며 웃는 모습
대사   - "우와, 꽃잎이 비처럼 내려!"
       - "이게 진달래야, 내가 몰랐던 꽃이야!"

3컷. [느리지만 즐겁게]

장면 | 아이들이 잠시 앉아 물 마시며 이야기하는 장면

대사 | - "다들 빨리 가는데 우리 너무 느린가?"
- "괜찮아! 같이 노니까 더 재밌어!"

4컷. [도착!]

장면 | 친구들이 함께 골인지점에 도착, 활짝 웃는 얼굴

대사 | - "우리는 거북이처럼 왔지만 기분은 최고야!"
- (하단에 작은 글귀) 느리게 걸어도 함께라서 즐거운 마라톤

프롬프트: "위의 4컷의 스토리로 해서 웹툰 형식의 만화를 그려 줘."

아직까지는 ChatGPT가 이미지상 한글 구현의 오류가 있습니다. 가급적 한글은 캔바나 다른 툴을 이용해서 넣는 것이 좋습니다. 한글 멘트를 넣지 않으려면 프롬프트를 작성할 때 '한글 대사는 **빼고 만화를 그려 줘.**'라고 명령을 넣어 주시면 됩니다.

한글이 있는 경우 　　　　한글이 없는 경우

ChatGPT, 어떻게 시작해야 할까요?

아래 QR 코드를 스캔하면, 누구나 쉽게 따라할 수 있는 ChatGPT 기본 사용법을 정리한 포스팅으로 연결돼요.

직접 그린 만화를 완성하는
ChatGPT

　최근에 쓰레기 재활용에 대한 수업을 듣고 아이가 직접 그린 그림을 사진으로 찍었습니다. 생각보다 ChatGPT의 판독 능력이 뛰어나서 아이의 그림을 바탕으로 하나의 스토리가 있는 만화로 완성할 수 있었습니다. 전체적인 스토리는 바다에 쓰레기가 너무 많아서 동물들은 바다에 쌓여 있는 쓰레기를 자주 마주합니다. 우리가 바닥에 마구 버리고 쓰레기가 많아 자구는 아이들에게 도움을 요청합니다. 아이들은 쓰레기들을 재활용하고 전기의 사용을 줄이자는 메시지를 주며 '지구의 에너지를 절약하고 아끼자'라는 스토리입니다. 앞서 말씀 드린대로 아이의 기록을 잘 챙기다 보면 그 자체로서의 창작성을 가지고 갈 수 있지만 하나의 스토리라인을 장착해서 네 컷 만화로도 그려 볼 수 있습니다. 이번에는 아이가 직접 그린 그림을 가지고 만화로 연결 지어 보겠습니다. 사진을 업로드하고 만화를 구성해 달라고 하면 아래와 같이 내용을 구성해 줍니다.

한글의 오타를 무시하고 명령어를 넣어서 이미지를 만들어 보도록 하겠습니다. 이미지 속 한글 표현이 부정확하므로 현재에는 텍스트를 넣지 않고 다른 툴로 작업하는 것이 시간

을 절약하는데 도움이 됩니다. 한 개의 이미지 생성에도 약 1분 정도 소요가 되기 때문에 계속 이미지를 생성하다 보면 시간이 오래 걸립니다. 텍스트는 캔바 어플을 사용해서 작업하는것이 글씨 폰트 종류도 더 많이 적용할 수 있고 디자인 적인 측면과 시간적인 부분에서 더 효율적입니다.

프롬프트: "지금 업로드한 사진으로 네 컷 만화 그려 줘."

ChatGPT의 상상력으로
그림 그리기

요즘 아이가 책을 읽기 시작하니 여러 가지 생각을 많이 하게 되면서 상상력이 풍부해졌습니다. 얼마전에도 아이가 앉아서 그림을 즉흥적으로 그렸습니다. 아이가 그림을 그릴 때 보면 새로운 형태로 그립니다. '이상한 학교'라는 주제로 학교에서 생기는 일인데, 여러가지 생각이 들었습니다. 왜냐하면 어른들이 하지 않는 생각들이었기 때문이었습니다. "갑자기 종이이 왜 날아다니지?", "혼나야 할 상황에 선생님이 칭찬을 해 준다고?", "사람 만한 필통도 있네?"라는 말들이 ChatGPT가 어떻게 생각할지 궁금했습니다. ChactGPT에게 위의 사진과 프롬프트를 쳐서 어떠한 결과값을 가지고 올지 명령어를 넣어 보았습니다. 신기한 것은 이런 그림들도 인식한다는 점입니다.

프롬프트: "딸이 그린 그림인데 스토리를 읽고 ChatGPT의 창의력으로 새로운 네 컷 만화를 그려 줘."

이상한 학교에서의 '종이가 날라다니는 장면', '큰 필통', '동물 친구들'의 그림이 생성되었습니다. 딸이 그렸던 그림의 내용은 저도 잘 이해가 안 되지만, ChatGPT는 4컷 그림으로 이해가 될 수 있게 잘 그려 줬습니다. 아이들의 세계는 어른과는 정말 다른거 같습니다. 왜 그런지 생각해 보면 어른들은 정규 교육을 통해서 기본적인 틀과 밑그림이 그려진 상태이지만, 아이들은 아직 밑그림이 그려지지 않아 생각의 창이 넓고 멀리 확장해 나갑니다. 아이와 책을 읽고 말하거나 글과 그림을 그리다 보면 여러가지 소재를 가지고 연결시켜 내용을 확장해 나가는 모습을 많이 보았습니다. 그래서 어떤 부분에 대한 생각의 시작은 작을지 몰라도, '생각의 가지 확장'은 어른과는 완전 다른 형상이고 더 넓고 멀리 뻗어 나가는 모습도 많이 보였습니다. 우리가 함께하거나 함께하지 못하는 순간에도 아이들은 느끼고 생각하고 여러 가지 방향으로 성장을 하고 있습니다. 그 과정들을 부모와 함께 이야기하고 생각을 공유하면 '아이도 더 단단한 지식 기반을 다질 수 있지 않을까' 하는 생각을 했습니다.

 아이가 만든 그림을 보며 저 역시 상상의 나래를 펼치게 되었습니다. ChatGPT와 함께 이야기를 확장시켜보니, 아이의 생각을 더 깊이 이해할 수 있었고, 아이도 즐거워했습니다. 아이의 창의성을 지켜보고 함께 응원하는 것이 부모로서 가장 기쁜 순간 중 하나라는 걸 다시 느꼈습니다.

📖 AI 그림, 관심은 있지만 어렵게 느껴지셨죠?

아래 QR 코드를 스캔하면, ChatGPT 말고도 그림을 그릴 수 있는 또 다른 도구, '미드저니' 시작법을 쉽게 확인할 수 있어요.

세 가지 소원이
말해 준 것

사람마다 마음속에 품고 있는 소원이 하나쯤은 있습니다. 어떤 사람은 돈을 원하고, 어떤 사람은 명예를 원하며, 또 어떤 사람은 사랑을 바랍니다. 누군가의 평범한 일상이 간절한 소원이 될 수도 있고, 또 누군가에게는 삶의 방향이 됩니다. 저도 꿈이 무엇인지 가끔 생각을 합니다. "지금 내가 바라고 있는 건 무엇일까?"라는 생각과 과거 20대의 저에게 "사랑과 돈 중 하나만 선택하라"고 했다면 나는 어떤 결정을 했을까? 아마 그 때의 저라면 아무 망설임 없이 사랑을 택했을 겁니다. 사랑에 빠져 있던 그 시기엔 모든 것이 사랑 중심으로 돌아갔으니까요. 그런데 요즘은 조금 다릅니다. 어느 날 아이가 가지고 놀던 책을 우연히 펼쳐보다가, '지니의 램프'가 등장하는 페이지를 발견했습니다. 아이가 적어 둔 세 가지 소원을 쓰는 코너였는데요. 저도 모르게 피식 웃음이 나올 정도로 귀엽고, 동시에 생각할 거리를 던져준 내용이었습니다. 아이는 세 가지 소원을 적어 두었습니다.

첫 번째 소원: "우리 가족 모두 다 건강하게 해 주세요."
두 번째 소원: "크리스마스에 선물 주세요."

그리고 세 번째 소원을 읽는 순간 저는 배꼽을 잡고 말았습니다. "동생이 저 안 때리게 해 주세요."라고 적었는데, 아이들은 정말 솔직하다는 생각이 들었습니다. 저희 집은 첫째와 둘째가 5살 차이가 나는데, 힘이 약한 둘째는 언니에게 속상한 일이 있거나 자신의 뜻이 통하지 않을 때면 깨물거나 꼬집는 식으로 감정을 표현합니다. 언니는 그걸 또 억울해하고, 가끔은 눈물이 그렁그렁 맺힙니다.

둘 다 제 자식이기에 누구의 편을 들어야 할 지 참 난감할 때가 많습니다. 그런데 아이가 그 고민을 '소원'으로 적어놨다는 사실이 참 신기하게 느껴졌습니다. 마치 조용히 저에게 도움을 요청하는 것 같았어요. 어린아이의 소원은 어른의 그것과는 다르게 훨씬 더 소박하고, 훨씬 더 진실합니다.

누군가는 부자가 되는것을, 억대 연봉을 받는 것을 또, 강남에 집을 사는 걸 목표로 삼고 있을지 모르지만, 아이는 단지 가족이 건강하고 자신의 행복에 초점을 맞추었어요. 이 얼마나 단순하고도 순수한 마음인가요? 문득 론다 번의 『시크릿』이 떠올랐습니다. 책에서는 '사람이 원하는 것을 이룰 때까지 걸리는 시간'에 대해 이야기하면서, 마음속으로 간절히 바라고, 구체적으로 상상하는 것이 결국 현실을 이끈다고 말합니다. 아이의 이 소원이 어쩌면 그렇게 상상하고 구체화하는 연습의 첫걸음일지도 모르겠다는 생각이 들었습니다. 어른이 되면 목표는 점점 복잡해지고, 조건은 많아지고, 계산은 정교해지지만, 소원의 본질은 결국 이 한마디로 수렴되지 않을까요? "내 삶이 오늘보다 조금 더 따뜻해졌으면 좋겠어." 아이가 말한 세 번째 소원을 읽으면서, 저는 문득 제 마음속 세 가지 소원은 무엇일까 자문하게 되었습니다. 그리고 조용히 되뇌었습니다. "우리 가족이 건강하기를, 글쓰기를 멈추지 않기를, 그리고 오늘보다 조금 더 다정한 사람이 되기를."라구요. 아이의 소박한 문장에서 시작된 이 질문이, 오늘 제 삶을 다시 돌아보게 했습니다. 어쩌면 어른이 더 배워야 할 것은, 저 세 번째 소원에 담긴 작고 따뜻한 마음인지도 모르겠습니다.

식탁 위에서 시작된
동화 만들기

 아이와 함께 책을 읽고, 그림을 그리고, 짧은 글을 써 내려간 지 한 달이 지났습니다. 처음에는 단순한 놀이처럼 시작한 일이었지만, 어느새 이 시간이 우리 가족에게 소중한 하루의 루틴이 되었습니다. 아이가 책을 읽고 그림을 그릴 때마다, 저는 조금 더 아이의 마음을 들여다보았고, 아이 역시 글과 그림으로 자신의 감정을 표현하기 시작했죠. 그러던 어느 날, 문득 저는 딸에게 세상에 단 하나뿐인 동화책을 선물하고 싶다는 마음이 들었습니다. 단순히 글과 그림을 엮는 것이 아니라, 아이의 생각과 말, 상상과 추억이 담긴 진짜 '우리 이야기'를 만들고 싶었습니다. 그래서 어떻게 시작해야 할지 고민부터 했습니다.

아이의 낙서장, 학교에서 받아온 생활기록들 그리고 그동안 함께 풀어본 학습지들을 하나하나 펼쳐보며, 아이가 어떤 주제에 흥미를 느끼는지 살폈습니다. 그러다 얼마 전 아이의 국어 교과서에서 본 '지니와 소원' 이야기가 떠올랐습니다. 저는 책을 펼쳐서 책 속 지니가 들려주는 세 가지 소원의 이야기로 자연스럽게 이야기를 나누었습니다. 그러던 중, 식탁 위에 놓인 고구마 하나가 우리의 상상에 불을 붙였습니다. "지니가 요술램프에서 나오듯, 고구마 밭 램프에서 고구마 지니가 나오는 건 어때?"라고 말을 했고 그렇게 이야기 꽃을 피우던 중, 아이가 불쑥 "우리 집은 고구마 밭 옆이고, 언니는 맨날 공부만 해서 동생은 심심해."라고 말했습니다. 그 말에 저는 피식 웃었고, 동시에 이야기의 실마리를 잡을 수 있겠다는 확신이 들었습니다.

　우리는 옛날 시골 할아버지 댁에서 고구마를 캤던 기억을 꺼내며 이야기의 배경을 만들었습니다. 고구마 밭, 공부하는 언니, 귀여운 인형과 장난감 호미, 그리고 이상한 램프까지. 일상 속 익숙한 것들이 하나하나 상상의 재료가 되어 동화의 조각으로 자리 잡았습니다. 이름은 아이가 직접 고른 '루루'와 '라라'. 각각 4살과 9살 여자아이 캐릭터로, 당연히 모델은 우리 집 두 딸이었습니다. 아이와 함께 캐릭터의 성격도 정리해 보았어요. 루루는 호기심이 많고 용감한 동생, 라라는 똑똑하지만 조금 심심한 언니. 그리고 어느 날 고구마 밭에서 황금빛 고구마를 발견하게 되는데, 그 고구마 안에는 요술램프처럼 반짝이는 빛과 함께 두더지 요정이 나타났죠. 고구마 껍질로 만든 모자를 쓴 두더지 요정은 "소원을 세 가지 들어줄게!"라고 말했습니다.

"첫 번째 소원은 뭐로 할까?" 아이의 대답은 너무 귀여웠습니다. "언니랑 동생이 같이 놀기!" 두 번째 소원은 쉽게 나오지 않았습니다. 아이는 한참을 고민했습니다. 그리고 말했어요. "밭에 있는 엄마 아빠 고구마 다 캐 주는 거!" 몇 해 전 할머니, 할아버지와 함께 고구마를 캐던 날을 기억하고 있었나 봅니다. 힘들었던 기억이지만, 아이는 그 안에서도 가족을 향한 마음을 담아냈습니다. 그 따뜻한 시선에 가슴이 찡했습니다. "그럼 마지막 소원은?" 이번엔 기다렸다는 듯 말했습니다. "놀이공원에 가고 싶어!" 그 장면에서 우리는 동화의 마지막 장면을 상상해 보았습니다. 루루와 라라, 그리고 엄마 아빠가 손을 꼭 잡고 놀이공원에서 웃고 있는 모습. 회전목마를 타며, 솜사탕을 들고 활짝 웃는 아이들 모습이 눈앞에 그려졌습니다.

  그렇게 우리는 하루하루 장면 하나씩을 만들어 나갔습니다. 전문 작가도 아니고, 그림 작가도 아니지만, 우리는 서로의 마음을 읽고, 공감하며 한 장면씩 완성해갔습니다. 이야기를 쓰고 그림을 그리며, 단순히 동화를 만드는 것을 넘어, 우리 가족의 마음을 잇는 새로운 언어를 만든 기분이었습니다. 아이와 함께 만든 이 동화책은 단순한 결과물이 아니라, 우리의 시간과 마음이 차곡차곡 쌓인 보물상자 같은 존재입니다. 어쩌면 저는 딸에게 동화를 선물한 것이 아니라, 함께 이야기를 만든 '기억'을 선물한 것일지도 모릅니다.

지브리, 디즈니,
토이 스토리 스타일 등의 그림

지브리, 디즈니, 토이 스토리처럼 유명한 이미지 스타일을 모방해 동화책을 제작하면 저작권 문제가 발생할 수 있습니다. 이런 스타일의 완성도가 높아 동화를 더욱 풍성하게 만들 수 있지만, 저작권 문제의 위험이 있습니다. 본격적인 작업에 앞서, ChatGPT와의 대화를 통해 저작권 문제를 확인했습니다.

대표적인 만화/카툰 스타일 10가지

스타일	설명	예시
카툰 (Cartoon)	단순하고 귀여운 2D 만화풍	미국식 TV 애니메이션, 심슨, 파워퍼프걸
픽사 스타일	입체감 있고 귀여운 3D 애니풍	인사이드 아웃, 업(UP), 토이스토리
웹툰 스타일	한국식 디지털 만화	네이버 웹툰, 다음 웹툰
수채화풍	부드럽고 따뜻한 수채화 느낌	그림책, 감성 일러스트
디즈니풍	고전 동화+현대 애니 결합 스타일	엘사, 인어공주, 라푼젤
지브리풍	따뜻하고 디테일한 동화적 애니풍	센과 치히로, 이웃집 토토로
레트로 만화풍	80~90년대 복고풍 스타일	아톰, 세일러문, 슬램덩크 초기 느낌
일본 애니풍	눈 크고 표정 풍부한 일본식	나루토, 원피스, 빵구
로우폴리 스타일	각지고 단순한 3D 형태	게임 느낌, 트렌디 아트웍
팝아트 스타일	원색+강조선+말풍선	앤디 워홀, 광고 일러스트 느낌

Q. ChatGPT와 DALL·E로 만든 그림을 동화책에 써도 되나요?

결론부터 말하면 직접 만든 프롬프트를 기반으로 생성한 이미지는 출판, 전자책, 상업적 이용 모두 가능합니다. OpenAI의 DALL·E는 생성된 이미지에 대해 사용자에게 사용권을 부여하고 있어요. 즉, 당신이 만든 이미지이자 당신이 활용할 수 있는 저작물입니다.

하지만 유명 IP 스타일을 모방한 경우는 주의해야 해요!(예: '토이 스토리 느낌', '지브리풍', '디즈니풍', '엘사처럼', '원피스 스타일') 이처럼 특정 IP를 명시하거나 유사하게 표현하면 법적 분쟁의 소지가 생깁니다. 특히, 디즈니, 지브리, 닌텐도, 픽사 등은 지식재산권(IP)에 매우 민감한 회사예요

결국, 프롬프트에서 '디즈니풍', '지브리 느낌' 등의 단어는 피하고, '따뜻하고 몽글몽글한 수채화 풍의 감성 일러스트', '아이들이 좋아하는 부드럽고 컬러풀한 색연필 풍 그림' 등의 스타일적 설명어를 쓰는 것이 안전합니다. 불필요한 법적 문제가 생길 수 있으니, 유명 이미지를 모방하기보다는 자신만의 이미지나 방향성으로 작업하는 것이 좋습니다. ChatGPT가 말하듯 아이들이 좋아하는 부드럽고 컬러풀한 색연필 그림으로 제작을 하는 것도 무난한 색채로 자연스럽게 동화책을 구현할 수 있습니다. 또는 원하는 그림을 사진으로 찍어 ChatGPT에 보여주고, "이 스타일을 설명해 달라"고 요청하면, 적절한 텍스트 설명을 받을 수 있습니다. 저도 실제로 제 동화책의 그림을 ChatGPT에게 설명해 달라고 요청해봤습니다.

프롬프트: "그림에 대한 동화책을 설정하려고 하는데, 어떤 스타일인지 텍스트로 말해 주세요."

색연필풍 감성 일러스트(수채화 + 카툰 혼합 스타일)입니다. 부드럽고 따뜻한 색연필 느낌의 일러스트로, 어린이 동화책에 적합한 감성적인 그림 스타일이에요. 연필 스케치 특유의 질감을 살리면서도 캐릭터는 단순하고 귀엽게 표현되어, 유치원 및 초등 저학년 어린이들에게 친근한 인상을 줍니다.

수채화처럼 은은하고 흐르는 듯한 배경 위에, 동글동글한 캐릭터 얼굴이 어우러져 따뜻하고 사랑스러운 분위기를 만들어 줍니다. 이런 스타일은 그림 하나만으로도 이야기의 정서와 색채를 설정할 수 있는 힘이 있어, 동화책, 아동 그림책, 감성 에세이 등에 널리 활용될 수 있습니다.

세상에 단 하나뿐인
동화책을 만드는 법

  ChatGPT로 연습한 부분에서 이제 동화책을 그려 볼 시간이 되었습니다. 같은 명령어를 입력해도 매번 그림이 달라지는 걸 확인할 수 있습니다. 바로 그림을 그리기 전에 기본 환경 설정을 먼저 해야 합니다. 첫 번째로는 캐릭터와 배경 그리고 스토리입니다. 등장인물과 전개될 이야기를 먼저 정해야 합니다. 이 기본적인 세팅을 하지 않고 계속 그림을 그려 보면 그림의 구성이 계속 변경됩니다. 첫 번째 그림에는 두 딸이 나왔는데 두 번째 그림에서는 스토리에 없는 옆집 친구가 등장하고 거기에 언니가 동생보다 나이가 어린 것처럼 이미지가 생성되고 그렇습니다. 왜냐하면, AI는 말 그대로 사람이 명령하지 않는 것에 대해서는 어떠한 대답을 해야 하기 때문에 자체적으로 딥러닝 된 임의의 이미지를 생성을 하기 때문이죠. 하지만 캐릭터의 성격, 배경, 스토리를 정리한 뒤 요청하면 AI는 잘 반응합니다. 그리고 중요한 건 아이가 생각하는 것을 잘 기록하며 대화를 통해서 내용을 연결해 주셔야 합니다. 아이와 함께 책을 읽고 이야기하다 보면, 아이가 흥미를 느끼는 그림이나 이야기 소재가 생깁니다. 그 이야기를 바탕으로, 아이가 좋아하는 동화책과 생각을 엮어 변형해 보세요. 그럼 새로운 콘텐츠가 만들어집니다.

저는 아이가 1학년 교과서에 쓴 지니의 램프와 3가지 소원을 변형해서 고구마 밭에서 보물을 캐는 것 그리고 3가지 소원을 들어주는 것을 아이와 이야기하며 스토리를 전개했어요. 그 위에 살을 붙여 지니의 램프와 세 가지 소원을 연결한 스토리를 완성했습니다. 아래의 내용을 기입하면 ChatGPT가 피드백을 아래와 같이 회신합니다. 아래의 내용에서 '프롬프트'는 제가 채팅창에 입력을 하는 장면이고, ChatGPT 항목은 AI가 반응을 하는 화면입니다. 전체 스토리 및 내용의 기본 설정값은 아래와 같이 입력해 주셔도 됩니다. 같은 명령어를 입력해도 동일한 이미지가 생성되진 않습니다.

프롬프트: "지금부터 딸과 동화책을 만들려고 해, 배경설명과 등장인물 그리고 총21페이지로 구성된 동화책을 만들려고 해. 내용은 아래의 내용으로 기본 구성을 해서 세팅을 해 주고, 이미지를 하나씩 나랑 보아 가며 동화책을 만들자. 그리고 스토리는 내가 페이지별로 설명하는 멘트를 넣고 그 내용으로 그림 동화 이미지를 구성해 줘."

1) 페이지 설정 요약

| 사이즈 | A4 세로 비율
| 스타일 | 색연필 스케치+수채화 번짐
| 인물 | 배경 비율: 1:5 (배경 중심, 인물은 화면 일부)

2) 배경설명

- 고구마 밭: 루루 가족이 살고 있는 시골 마을의 핵심 배경. 모든 모험의 시작점
- 고구마밭 요술램프: 루루가 발견한 마법의 물건. 두더지가 살고 있음
- 놀이공원: 마지막 소원으로 떠난 장소. 온 가족이 함께 즐기는 꿈같은 곳

3) 등장인물

- 루루: 4살, 귀여운 주인공. 모험심 강하고 콩이 인형과 함께 놀기를 좋아함
- 라라: 9살, 루루의 언니, 공부를 열심히 하지만 루루의 소원 덕분에 자매 관계가 가까워짐
- 콩이: 루루의 토끼 인형, 루루의 유일한 친구이자 늘 함께 다니는 귀여운 파트너
- 두더지 요정: 요술램프에서 나온 마법 생물, 세 개의 소원을 들어주는 임무를 가짐
- 엄마와 아빠: 고구마밭에서 열심히 일하며 아이들을 사랑으로 돌보는 부모님

위의 '페이지 설정요약', '배경설명', '등장인물'에 해당하는 스토리를 작성해서 ChatGPT에게 내용을 설명해 주면 그와 같은 화면을 구성해 줍니다. 하지만 대화 도중에 중단이 되게 되면 기본 설정값을 다시 전달하여 그림동화의 배경이나 풍경 캐릭터 설정을 해 주어야 이미지 변형을 막을 수 있습니다.

페이지별 장면 구성은 미리 구체적으로 구상해 두는 것이 좋습니다. 위의 기본 구성을 주고 내가 원하는 스토리를 딸

과 함께 이야기하면서 잡아가서 아래와 같이 페이지 별로 내용을 간단히 전달하면 ChatGPT가 손쉽게 그림을 그려 줍니다. 아래는 페이지별로 명령어를 전달하면 ChatGPT가 알아서 그림을 그립니다. AI에서 그림 그리기 어려운 부분이 기본 값이 바뀌면 완전 다른 그림을 생성하는 것입니다. 그럴 땐 작업했던 이미지와 기본값을 명령어로 ChatCPT한테 보내 주고 이 상태값으로 해서 내용을 전개해 달라고 요청을 하면 원하는 이미지를 구현할 수 있습니다.

1페이지(표지)
고구마 밭 앞에서 루루는 황금 램프를 들고, 라라는 콩이를 안고 서 있다.
뒤에서는 두더지가 살짝 고개를 내밀고 있다.

2페이지(본문)
우리 집은 고구마 밭 옆에 있어요.
엄마 아빠는 고구마를 키우고, 언니 라라는 맨날 공부만 해요. 너무 심심해요!

5페이지(본문)
땅을 파다가 갑자기 반짝!
"어? 이거… 황금 고구마야?"
꺼내 보니… 이상한 램프예요!

19페이지(본문)
"놀이공원 가고 싶어요!"
갑자기~
고구마 열기구가 나타났어요!!

    위의 페이지에서 보았지만, 페이지 설정, 배경설정, 등장인물 그리고 페이지별로 스토리를 한번에 입력해서 적어 주면서 ChatGPT가 기본 세팅을 하고 페이지 별로 그림을 그립니다. 그리고 페이지별로 수정해야 할 사항들이 있으면 GPT에게 '현재 그려진 속성과 동일하게 내가 원하는 형태로 그려 달라고 하면 그림을 그려 줍니다. 그림에 텍스트는 캔바로 작성한 것이며 아래 QR 링크를 참고하세요..

 만약에 특정 영역만 지우고 싶다면, ChatGPT가 생성한 그림에서 해당 부분을 선택해 디테일하게 수정할 수 있습니다. 예를 들어, 그림 속 구름만 삭제하고 싶을 때 사용할 수 있습니다.

1단계: 이미지를 선택합니다.

2단계: 우측 상단의 '선택 툴'을 클릭합니다.

3단계: 선택 툴로 구름을 클릭한 뒤, 프롬프트에 "선택 영역 지워줘"라고 입력합니다.

4단계: 다시 생성된 이미지에서 구름이 사라진 것을 확인할 수 있습니다.

ChatGPT로 그림을 수정하다 보면 원하는 대로 되지 않을 경우, 원래 이미지를 채팅창에 업로드한 뒤 프롬프트에 "첨

부한 이미지와 동일한 조건으로 그려줘"라고 입력하면 됩니다.

  이제, 진짜 이야기를 만들 시간입니다. ChatGPT와 함께 연습했던 그 모든 대화는 이 순간을 위한 준비였는지도 모릅니다. 아이와 함께 나눈 상상, 책을 읽으며 나눈 짧은 대화, 그림 속에서 피어난 감정들. 이제 그것들이 하나의 동화가 되어, 페이지마다 살아 숨 쉬게 될 차례입니다. 프롬프트는 단지 시작일 뿐이었습니다. 그 안에 담긴 아이의 말, 부모의 시선, 가족의 시간이 이 동화책을 더 특별하게 만듭니다. 우리는 그저 그림을 그리고, 이야기를 붙였을 뿐인데 어느새 '우리 가족의 첫 번째 책'이 완성되어 갑니다. 이제는 연습이 아니라, 기록입니다. 세상에 하나뿐인 이야기. 그 첫 장을 지금, 아이와 함께 넘겨 보세요.

> 📖 **전자책 표지, 예쁘게 만들고 싶은데 어떻게 시작할까요?**
>
> 아래 QR 코드를 스캔하면, 디자인 초보도 캔바로 10분 만에 전자책 표지를 만드는 방법을 쉽게 따라할 수 있어요.

동화책으로 시작된
작가라는 이름

 이제 한 권의 동화책이 완성되었습니다. 그런데 여기서 한 가지 더 생각해 볼 것이 있습니다. 이 책을 '공식적인 책'으로 만들고 싶다면? 바로 그 시작이 ISBN입니다. 많은 분들이 이 시점에서 궁금해합니다. "전자책으로 낸다고 정말 작가가 될 수 있나요?", "ISBN은 어떻게 받나요?"라는 말들을 많이 하죠. 이제부터는 그 구체적인 방법을 안내해드리겠습니다. 네이버에서 '친절한기훈씨'라고 검색하면 저의 프로필과 함께 '작가'라는 명칭이 같이 뜹니다. ISBN을 등록하면 쉽게 네이버 인물 등록을 해서 작가로 인정받을수 있습니다. 전자책을 처음 내는 사람들에게 가장 익숙하지 않은 단어 중 하나가 'ISBN'입니다. 그리고 가장 많이 듣는 질문은 이겁니다. "유페이퍼, 작가와로 등록하면 ISBN도 생기나요?"는 저의 대답은, "네! 그것도 무료로요."라고 말할 수 있습니다. 왜 ISBN 등록이 중요한가요? ISBN은 책의 주민등록번호입니다.

'국제표준도서번호(International Standard Book Number)'라는 이름 그대로, 세상에 단 하나뿐인 책이라는 증표이자 도서관과 서점, 포털사이트에서 검색이 가능한 책의 기준이 됩니다. 아무리 멋지게 글을 써도 ISBN이 없다면, 그건 단순한 'PDF 파일'일 뿐입니다. 그러나 ISBN이 등록되는 순간, 그 책은 국립중앙도서관에 등록되고, 포털에서 검색되고, 교보문고, 알라딘, 예스24 같은 곳에 들어갈 수 있는 자격이 주어집니다. 즉, '책'으로 인정받고 싶다면 반드시 ISBN이 필요합니다. 작가와, 유페이퍼는 셀프 출판의 '등기소' 같은 곳입니다. 출판사 등록이 되어 있는 플랫폼이며, 우리가 직접 출판사를 만들지 않아도 전자책을 만들면 그 출판사를 빌려 ISBN을 발급받을 수 있습니다. 글을 작성하고, 목차를 구성하고, 표지를 만들고, 업로드하면, ISBN 신청은 단 한 번의 클릭으로 가능합니다. 게다가 국립중앙도서관과 대한출판문화협회에 자동 등록해 줍니다. 이건 생각보다 큰 의미입니다. 이후 다른 플랫폼에서 판매를 하거나, 내 책을 증명할 때 공신력 있는 레퍼런스로 사용할 수 있습니다. 작가로 살아가는 첫걸음, 책을 내고, ISBN을 발급받는 순간 나는 이제 공식적인 '작가'입니다. 이 인물등록은 생각보다 큰 의미를 가집니다. 내 책이 포털에서 '저자명'으로 검색될 수 있게 되고 인터뷰나 외부 콘텐츠 제작 시 작가 프로필로 활용되며 강연, 브랜딩, 협업 시에도 '공식 작가'로서 신뢰를 얻습니다. 많은 사람이 "나도 작가가 될 수 있을까?", "작가는 글을 정말 잘 써야 되는 거 아닌가요?", "나는 전문 작가도 아닌데 책을 낼 수 있을까요?"라고 질문을 해요. 하지만 제가 ISBN을 등록하여 책을 내고 나서 가장 크게 느낀 점은, "누구나 작가가 될 수 있다."

글을 잘 쓰는 것도 중요하지만, '내 이야기를 진심으로 정리해서 책이라는 형태로 만든 사람' 그 사람이 바로 작가입니다. '작가와 혹은 유페이퍼 등의 출판사 + ISBN = 당신의 작가 데뷔' 이제는 누구나 책을 내고 작가가 될 수 있는 시대가 왔습니다. 이 두 가지를 통해, 나만의 책, 나만의 이름, 나만의 작가 프로필을 만들 수 있습니다. 더 나아가 네이버 인물등록, 전자책 유통, 작가 강연, 콘텐츠 확장까지도 가능합니다. 그리고 시작은 단순하지만 나를 작가로서 활동하게 만들 수 있는 공식적인 첫 시작입니다.

유페이퍼에 전자책 등록하는 방법, 궁금하셨죠?

아래 QR 코드를 스캔하면, 전자책 등록 과정을 쉽게 따라 할 수 있는 상세 강의 페이지로 연결돼요.

네이버에 작가로 등록하고 싶었지만, 방법이 막막하셨죠?

아래 QR 코드를 스캔하면, 작가 등록부터 프로필 설정까지 쉽게 따라할 수 있는 강의 페이지로 연결돼요.

동화책 속 이야기를 동요로 만들 수 있다면, 궁금하지 않으셨나요?

아래 QR 코드를 스캔하면, AI를 활용해 동요를 만드는 방법을 쉽게 확인할 수 있어요.

4부
블로그는 글쓰기 무기를 만드는 곳

"글쓰기의 문턱을 넘는 데 필요한 건
아이디어보다도 '첫 줄'의 용기다."

치킨이 이끈
글쓰기 인생

"나는 왜 엔지니어에서 영업직으로 이직을 했을까?", "나는 왜 글을 쓰는 블로그를 시작했을까?" 놀랍게도 그 질문에 대한 답은 꽤 단순했습니다. 치킨? 그렇습니다, 치킨 때문이었습니다. 저녁마다 치킨을 먹자고 말하니 와이프와 딸은 고개를 젓습니다. "또 치킨이야?" 하고 말하는 눈치를 보면 슬쩍 입을 다물게 됩니다. 영업직을 시작한 것은 치킨집을 차리기 전에 영업을 경험하고자 시작한것이며, 블로그는 친구가 무심코 던진 "야, 블로그로 치킨값이라도 벌어봐!"라는 말에 혹해 블로그를 시작했습니다. 그렇게 시작된 글쓰기는 처음엔 낯설기만 했습니다. 블로그에 지방 출장 내려가기전 서울역 사진과 몇줄의 글을 쓰며 '내가 이런 걸 써도 되나?' 하는 의심이 늘 마음속을 따라다녔습니다. 그렇게 블로그 글쓰기를 몇 번 시도하다 흐지부지 됐고, 글을 향한 마음마저 바닥으로 가라앉는 줄 알았습니다. 그런데 이상하게도 그 짧은 경험이 자꾸 마음에 남았습니다. 결국 2023년 7월, 다시 블로그의 문을 열었습니다. 이번에는 욕심을 내려놓았습니다. 취업 준비, 면접, 영업 이야기처럼 익숙한 주제부터 꺼냈습니다. 하루를 돌아보며 일기처럼 쓰기도 하고, 감명 깊게 읽은 책의 문장을 적어 두기도 했습니다. 마음 가는 대로 쓰다 보니, '나'라는 사람의 껍질이 벗겨지는 듯한 기분이 들었습니다. 그렇게 자연스럽게 매일 블로그를 여는 습관이 생겼습니다.

블로그를 하다 보니 조금 더 잘하고 싶어서 관련 책들도 도서관과 서점을 누비며 찾아 읽었습니다. 인플루언서들의 노하우도 정리해 보았어요. 하루 세 개의 포스팅, 사진 세 장, 1,800자 이상, 금칙어 지양. 말은 쉬웠지만 현실은 달랐습니다. 글 하나 쓰는 데 두 시간이 걸렸고, 회사 일을 하면서 하루 세 개의 글을 쓰는 건 무리였습니다. 결국 전략을 수정했습니다. 하루 하나의 퀄리티 있는 글. 점심 시간엔 카페 리뷰를 쓰고, 저녁엔 회식 사진을 올리면 하루 두세 개의 블로그 포스팅도 가능했습니다. 그렇게 제 일상과 블로그가 자연스럽게 이어졌습니다. 포스팅 수가 늘어나자 방문자도 조금씩 늘었습니다. 그리고, 애드포스트 광고를 단 지 5개월쯤 지나 수익이 들어왔습니다. 크지 않지만 확실한 성과, 딱 치킨 한 마리 값이었습니다. 저는 속으로 외쳤습니다. "됐다! 치킨값 벌었다!"라며 그렇게 소소하지만 현실적인 목표를 달성했습니다. 물론 거창한 성공은 아니었지만 분명히 의미 있는 전환점이었습니다. 블로그가 단순한 기록을 넘어, 가능성의 무대가 될 수 있다는 걸 온몸으로 경험한 순간이었습니다.

그 과정을 거치며 저는 더 중요한 한 가지를 배웠습니다. 블로그에서 가장 중요한 건 '꾸준함'이라는 사실입니다. 화려한 포맷이나 키워드 전략보다 중요한 건 '매일 쓰는 것'이었습니다. 아예 새 계정을 만들어 실험도 해 보았습니다. 방문자 0에서 시작한 블로그에 1일 1포스팅을 200일 넘게 이어 갔더니, 정말 자연스럽게 유입이 생기고 블로그가 살아났습니다. 작지만 분명한 패턴이었습니다. 꾸준히 쓰면 살아나고, 멈추면 식는다는 단순한 진리를 깨닫기까지는 꽤 오랜 시간이 걸렸습니다.

저도 처음엔 잘 쓰고 싶었습니다. 완벽한 주제를 정하고, 멋진 문장을 쓰고, 검색에 잘 노출되길 바랐습니다. 그런데 그런 마음을 가질수록 오히려 글이 잘 써지지 않았습니다. 그때 문득 떠오른 게 있었습니다. 어릴 적 일기장이었습니다. 그림을 그리고 색칠을 하고, 그날 있었던 일을 아무렇게나 적던 시절. 아무도 보지 않아도 좋았고, 어설퍼도 괜찮았습니다. 그게 진짜 '나의 글쓰기'였습니다. 그래서 저는 누군가에게 잘 보이려는 글이 아니라, 나를 담은 글과 주제는 나중에 생긴다는 걸 깨달았습니다. 처음부터 완벽한 주제를 찾을 필요는 없었습니다. 블로그는 글을 쓰다 보면 방향이 보이고, 계속 쓰다 보면 '내가 진짜 하고 싶은 이야기'가 저절로 드러납니다. 블로그 초반에는 내 블로그에 사람들이 안옵니다. 또, 사람들은 나의 글에 관심이 없습니다. 그래서 오히려 더 자유롭습니다. 아무도 없는 무대 위에서 나조차도 몰랐던 내 이야기를 꺼내는 시간. 그것이 블로그의 진짜 시작이었습니다. 하루 10분, 오늘 있었던 소소한 이야기라도 괜찮습니다. 어릴 적 키우던 강아지가 생각난다면 그 이야기를 쓰셔도 좋고, 오늘 카페에서 마주친 강아지가 떠올라도 좋습니다. 치킨 이야기도 괜찮습니다. 사실 저는 그런 이야기로 블로그를 시작했습니다.

지금도 누군가는 제게 묻습니다. "왜 블로그를 하세요?"라는 질문에 저는 웃으며 대답합니다. "치킨값이라도 벌고 싶어서요."라고 말하죠. 그런데 그 치킨값이, 제 인생을 다시 쓰게 만들었습니다. 그래서 오늘도 저는 치킨처럼 뜨겁고 바삭한 이야기를 찾아 블로그를 엽니다. 글을 쓰는 제가 재미있고, 제가 저를 조금 더 알아가는 그 시간. 그것만으로도 충분하니까요.

글 주제는 그냥
'잡탕 블로그'

 사람들은 블로그를 시작하기 전부터 고민이 많습니다. "무엇을 써야 하지?", "주제는 어떻게 정하지?", "글은 잘 써야 하지 않을까?"라는 생각들이 머릿속을 떠나지 않지요. 저 역시 그랬습니다. 글자 색깔, 도형, 폰트를 예쁘게 꾸미고, 누가 봐도 멋지게 시작하고 싶었습니다. 그런데 그런 생각을 하면 할수록 도리어 아무것도 쓰지 못했습니다. 완벽함이라는 단어는 언제나 매력적이지만, 동시에 두려움을 안겨줍니다. 시작을 망설이게 만드는 가장 흔한 함정입니다. 그래서 저는 그냥 일기 쓰듯이 편하게 적어 나갔습니다. 때로는 친구한테 문자 보내는 것처럼 편하게 썼습니다. 그러다 보니 잘 써야 한다는 부담도 없었고, 멋진 문장을 고민하지도 않았습니다. 그저 '나'라는 사람의 하루를 기록했을 뿐이었지요. 누군가에게 잘 보이기 위한 글이 아니라, 오직 저 자신을 담은 글을 적었습니다. 주제에 대한 고민은 나중 문제였습니다.

  블로그를 시작하려는 분들께 꼭 전해드리고 싶은 말씀이 있습니다. 첫째, 부담을 내려놓으시라는 겁니다. 완벽한 주제를 찾기 위해 애쓰지 않으셔도 됩니다. 오히려 마음 가는 대로 써보는 게 훨씬 중요합니다. 둘째, 주제는 얼마든지 바뀌어도 괜찮다는 점입니다. 지금 관심 있는 것과 한 달 뒤, 백일 뒤에 끌리는 것은 전혀 다를 수 있거든요. 변화는 당연한 것이고, 그 과정을 통해서야 비로소 '진짜 내 것'이 드러납니다. 저 역시 처음엔 육아 이야기를 쓰기도 하고, 여행기, 책 리뷰, 회사 이야기까지 온갖 주제가 뒤섞여 있었습니다. '이게 맞나?' 싶었던 글들이 100일쯤 지나자 제법 뚜렷한 주제의 가지들을 만들었습니다. 그때 깨달았습니다. 주제는 정하는 것이 아니라, 쓰면서 자연스럽게 만들어지는 것이구나, 하고요.

  "블로그는 일기처럼 쓰면 안 된다."는 말을 저는 참 자주 들었습니다. 하지만 제 생각은 조금 다릅니다. 오히려 시작은 일기처럼 써야 한다고 믿습니다. 인기 키워드에 맞춰 글을 쓰거나 검색 노출을 위한 전략을 세우는 것도 물론 나쁘진 않지만, 그것은 글쓰기의 재미를 느끼기도 전에 꺼내기엔 너무 이른 카드일 수 있습니다. 흥미도 금세 사라지고, 지치기 쉽기 때문입니다. 블로그에서 가장 중요한 건 결국 '내가 재미있어야 한다'는 점입니다. 그래서 저는 이렇게 권해드립니다. 처음 30일은 하루 10분만 투자해서, 편하게 쓰는 연습부터 시작해 보세요. 글이 어려우면 사진과 글 몇 줄 써도 좋습니다. 그 무엇이든 괜찮습니다. 점심에 먹은 음식 이야기, 카페에서 마주친 강아지, 길에서 본 예쁜 꽃, 어릴 적 추억, 오늘의 실수, 우연히 들은 노래 한 소절까지. 중요한 건 내용이 아니라, '기록하는 행위 자체'에 있다는 점입니다. 며칠 전, 점심을 먹고 동네 카페에 들렀다가 복슬복슬한 강아지를 만났습니다. 너무 귀여워 사진을 찍었고, 그 순간 어릴 적 키웠던 강아지가 떠올랐습니다. 그 기억을 따라가다 보니 반려견 '다롱이'까지 생각이 이어졌고, 어떤 간식을 좋아하는지도 떠올랐습니다. 그렇게 하나의 평범한 장면이 블로그 글 한 편이 되었습니다. 글을 쓰다보면 시간이 흘러 글이 50개, 100개쯤 쌓입니다. 그때 비로소 내가 어떤 주제에 끌리는지, 어떤 이야기에 마음이 머무는지가 보이기 시작합니다. 그때가 되면 방향이 생기고, '나다운 글'을 써 볼 수 있게 됩니다. 블로그는 기술로 시작되는 것이 아니라, 태도에서 시작됩니다. 내가 어떤 사람이 되고 싶은지, 어떤 삶을 살아가고 싶은지, 그 조각들이 하나하나 글 속에 녹아듭니다. 잘 써야 한다는 강박보다, 솔직하게 쓰겠다는 태도가 훨씬 더 멀리 갑니다. 처음엔 재미로 시작했던 일이 어느새 치킨값도 벌어다 주고, 저라는 사람의 하루를 기록하게 만들고, 제 안의 이야기를 길어 올릴 수 있게 만들어 주었습니다. 지금도 블로그를 켜면 마음이 묘하게 편안해집니다. 오늘은 어떤 이야기를 써 볼까? 지금 내 마음을 가장 정확하게 담아낼 단어는 뭘까? 그런 생각 하나만으로도 그날 하루가 조금은 특별해집니다. 결국 블로그는 제 하루를 특별하게 만들어 주는 가장 사적인 공간이 되었죠. 오늘부터, 여러분도 당신만의 작은 일기장 한 페이지를 열어 보시겠어요? 그 안에서 진짜 '나'를 만나게 되실지도 모릅니다.

블로그는 나만의
글쓰기 연구소

  얼마 전, 한 글쓰기 강의를 들었습니다. 전자책과 종이책 출간, 그리고 퇴고에 관한 깊이 있는 이야기들이 오갔는데요. 그 중에서도 가장 인상 깊었던 부분은, 실제로 종이책을 출간했음에도 기대만큼 독자의 반응이나 판매로 이어지지 않았다는 경험담이었습니다. 우리는 흔히 책을 내면 무언가 크게 달라질 것이라 생각합니다. 하지만 요즘 시대에 책을 낸다는 건 단순히 '책을 쓰는 일'에 그치지 않습니다. 경기가 어려워 책이 잘 팔리지 않는 것도 분명 하나의 이유겠지만, 더 근본적인 원인은 '영향력'과 '마케팅'의 부재입니다. 아무리 좋은 책이라도, 그 책을 알리는 힘이 부족하면 독자에게 닿지 않습니다. 이제는 콘텐츠 자체의 품질도 중요하지만, 그 콘텐츠를 누가, 어떻게 말하느냐가 더 중요해졌습니다.

결국 독자에게 읽히기 위해서는, 책이 출간되기 훨씬 전부터 내 글을 꾸준히 알리고, 사람들이 내 글을 좋아하게 만들어야 합니다. 그렇게 '팬 층'이 생기고, 나를 지지해 주는 독자가 생기고, 그들이 책을 읽고, 입소문을 내며, 판매로 이어지는 것이죠. 이건 단지 글쓰기의 영역을 넘어 '영업'과도 닮아 있습니다. 영업의 꽃은 결국 '소개'입니다. 불경기에도 매출을 유지하는 영업사원은 기존 고객의 소개를 많이 받는 사람입니다. 제품이 좋아서 다시 사는 경우도 있지만, 많은 고객은 사실 '사람'을 보고 선택합니다. 내가 신뢰받는 사람이 되어야, 내가 전하는 메시지도 신뢰받을 수 있습니다. 그렇다면 '나를 보고 찾아오는 사람들'을 위한 책, 나의 이야기를 담은 콘텐츠는 어떻게 시작해야 할까요?

이와 관련해 흥미로운 사례가 있습니다. 혹시 딜버트(Dilbert)라는 만화를 아시나요? 57개국, 2,000개 이상의 신문에 소개된 연재 만화인데요. 그 작가 스콧 애덤스는 원래 평범한 회사원이었습니다. 그런데 그런 그가 어떻게 세계적인 작가가 되었을까요? 스콧은 글쓰기를 처음 시작하는 사람에게 이렇게 조언합니다. 그는 이렇게 말합니다. "출판사에 투고할 생각부터 하지 마라. 먼저 블로그에서 연습하라." 출판이나 연재를 염두에 두고 쓰는 글은 대부분 실패한다고요. 왜냐하면 글쓰기는 '목표'를 이루는 일이 아니라, '체계'를 만들어 가는 일이기 때문입니다. 스콧은 블로그에서 꾸준히 글을 올리며 사람들의 반응을 살폈고, 자신의 콘텐츠를 조금씩 다듬어 갔습니다. 결국 그의 글을 읽은 월스트리트 저널에서 원고 청탁이 들어왔고, 그는 대중적인 작가로 자리 잡게 되었죠. 그는 이렇게 말합니다. "사람들이 좋아하는 글이 무엇인지 알고 있었기 때문에, 기고문은 성공할 수 있었다."라는 이야기를 들으며 저도 많은 생각을 하게 됐습니다. 우리가 어떤 목표에만 몰두하다 보면, 오히려 그 너머로 나아가지 못하는 경우가 많습니다. 작은 성공에 안주하다 보면, 더 넓은 가능성의 문을 스스로 닫아 버릴 수 있죠. 세상은 생각보다 넓고, 내가 지금 알고 있는 정보가 전부가 아닙니다. 더 많은 사람들과 교류하고, 더 넓은 관점에서 콘텐츠를 바라보는 자세가 필요합니다.

저는 글을 쓰면서 자연스럽게 여러 사람의 글과 콘텐츠를 보게 되었습니다. 인플루언서 홈, 브런치, 인스타그램, 유튜브 등 다양한 SNS를 돌아보며 '내가 몰랐던 더 큰 세계가 있구나'라는 걸 절실히 느꼈죠. 마치 국내 여행만 다니다가 처음으로 해외여행을 떠났을 때처럼, 세상이 이렇게 넓고 다채롭다는 걸 비로소 체감한 것입니다. 이제 블로그는 더 이상 단순한 일기장이 아닙니다. 나만의 '글쓰기 연구소'이자, 내가 나를 실험하고 발전시켜 나가는 무대입니다. 꾸준히 글을 쓰며 나만의 언어를 찾고, 내가 전하고 싶은 메시지를 더 또렷하게 만들며, 동시에 '나만의 팬'을 만들어가는 과정입니다. 여기서 쌓인 영향력은, 언젠가 책이라는 형태로 결실을 맺을 수도 있고, 또 전혀 예상하지 못한 기회를 불러올 수도 있습니다.

 사람들은 "이 글 써서 뭐 하려고?"라고 묻습니다. 하지만 정말 중요한 질문은 "이 글을 통해 나는 무엇을 배우고 있는가?"입니다. 블로그는 나의 변화 과정을 기록하는 도구입니다. 내가 쓴 글은 곧 나의 성장 기록입니다. 누군가는 그 여정을 보고 감동하고, 또 다른 누군가는 나를 응원하게 됩니다. 그렇게 우리는 서로의 변화에 영감을 주며 연결되는 거죠. 그러니, 지금 당장 완벽한 글을 쓰지 않아도 괜찮습니다. 중요한 건 꾸준함입니다. 매일 조금씩 쓰고 나만의 이야기를 쌓아가다 보면, 어느새 우리는 '책을 쓰는 사람'이 아니라, '읽히는 사람'이 되어 있을 것입니다.

블로그 10분 글쓰기를 위한
7가지 전략

　약 2년간 블로그와 일기를 쓰면서 제가 가장 크게 깨달은 것이 하나 있습니다. 글을 잘 쓰는 능력보다 훨씬 더 중요한 것은 바로 '지속하는 힘'이었습니다. 정말 많은 블로거들을 보아왔고, 좋은 글도 수도 없이 읽었습니다. 그런데 이상하게도 1년도 채 지나지 않아 그만두는 경우가 대부분이었습니다. 이유는 다양했지만 결국 하나로 귀결됐습니다. '완벽하려는 마음'이 자리하고 있었습니다. 많은 분들이 쓴 글을 보면, 진심이 담긴 글이 많았고 표현력도 좋고 콘텐츠도 풍부했지만, 그 완벽함을 향한 무게가 글쓰기를 멈추게 만들었습니다. 저 역시 그런 과정을 반복하면서 하나씩 배워 갔습니다. 그렇게 선택한 방법이 바로 '10분 글쓰기'였습니다. 딱 10분이면 하루치의 마음을 충분히 기록할 수 있었고, 그 기록들이 쌓이면서 어느새 그것이 곧 '나'가 되어 가고 있음을 느꼈습니다. 오늘은 타이머를 켜고, 제가 실제로 해 보고 효과를 본 '10분 글쓰기 전략' 7가지를 공유드리려 합니다.

첫째, 주제를 미리 정해 두는 것입니다. 글을 쓰기 시작하면서 '무엇을 쓸까?' 고민하게 되면 이미 절반의 시간이 사라져 버립니다. 평소에 떠오른 글감들을 아이디어를 노트에 메모해 두세요.

둘째, 생각 저장소를 만들어 두세요. 문득 떠오른 단상은 생각보다 훨씬 빨리 사라집니다. 그래서 작은 수첩, 휴대폰 메모장, 블로그 임시 저장 기능, 구글 킵 등을 적극적으로 활용하면 좋습니다.

셋째, 완벽한 글을 쓰려 하지 않는 것입니다. '글을 연습한다'는 마음으로 글자 하나씩 적어 내려가세요.

넷째, 타이머를 꼭 켜보시길 권합니다. 10분은 짧은 시간이지만 집중하기에는 충분합니다. 타이머가 작동되면, 뇌가 글쓰기 모드로 전환됩니다.

다섯째, 글쓰기 포맷을 미리 정해 두면 훨씬 빠르게 써 내려갈 수 있습니다. '하루 이야기 → 그 안에서 느낀 점 → 독자에게 던지는 한 문장' 같은 구조를 활용해 보세요.

여섯째, 생각보다 '손'이 먼저 움직이게 해야 합니다. 머뭇거리다 보면 3분, 5분은 순식간에 지나갑니다. 그냥 손이 움직이도록 두는 게 중요합니다. 떠오르는 대로 써 내려가는 것이 핵심입니다.

일곱째, 10분 중 7분은 글을 쓰고, 마지막 3분은 다듬는 데 사용합니다. 처음부터 맞춤법이나 문장을 고치려 하면 글이 막혀 버릴 수 있습니다. 우선은 속도에 집중하고, 마지막에 초안을 정리하는 것이 훨씬 효율적입니다.

이런 방식으로 저는 지금도 매일 짧게 글을 쓰고 있습니다. 가끔은 블로그에 올리지 않고 메모로만 남기기도 합니다. 하지만 그 습관과 반복이 결국 책 한 권이 되었고, 아이와 함께 만든 그림일기로 이어졌으며, 제 생각을 글로 정리하는 데 큰 도움이 되었습니다. 180일간의 여정도 그렇게 시작되었습니다. 처음엔 단순한 블로그 글쓰기였지만, 어느 순간 제 삶의 중심에 글쓰기가 자리하게 되었고, 글을 운동처럼 이어 가다 보니, 글이 제 인생의 나침반이 되었습니다. 그래서 꼭 말씀드리고 싶습니다. 당신도 쓸 수 있습니다. 단지 10분이면 충분합니다. 지금 바로 타이머를 켜고, 오늘 하루를 한 줄로라도 기록해 보세요. 그 짧은 문장이 언젠가 누군가의 마음에 닿을지도 모릅니다. 저는 오늘 이렇게 메모했습니다.

"책 리뷰를 쓰다가 다른 사람들의 생각이 아닌, 내 생각을 담은 글을 쓰고 싶었다. 그래서 나는 글로 작가가 된다고 썼고 그렇게 시간이 지나서 나의 생각대로 나는 작가가 되었다."라고.

나만의 콘텐츠
루틴 만들기

　글을 잘 쓰는 능력보다 더 중요한 것은 '지속하는 구조'를 만드는 일입니다. 처음에는 누구나 의욕이 넘칩니다. 이미지를 예쁘게 다듬고, 제목에는 키워드를 촘촘히 넣고, 본문도 세심하게 나눠 정성껏 포스팅하게 됩니다. 하지만 문제는 그 정성이 하루, 이틀 이상 이어지기 어렵다는 데 있습니다. 회식이나 갑작스러운 일정으로 리듬이 무너지면, '내일 쓰지 뭐' 하는 마음이 쌓이다 결국 '이제 안 써도 되겠다'로 이어집니다.

　저 역시 마찬가지였습니다. 블로그 초반에는 완벽한 글을 쓰겠다는 마음으로 밤을 새운 적도 있었고, 한 편의 글에 세 시간 넘게 몰두하기도 했습니다. 그러나 그런 방식은 오래가기 어려웠습니다. 블로그는 단거리 경주가 아니라 마라톤이기 때문입니다. 처음 100미터를 전력 질주하면 숨이 턱 막히듯, 글쓰기도 오래 달릴 수 있는 리듬이 필요했습니다. 그리고 그 리듬의 핵심이 바로 '루틴'이었습니다. 정해진 시간에, 정해진 방식으로, 별다른 고민 없이 손이 먼저 움직이게 만드는 글쓰기 습관. 그것이 저만의 콘텐츠 루틴이었습니다. 저는 이 루틴을 세 가지 기준으로 나누어 실천했습니다. 언제 쓸 것인가, 무엇을 쓸 것인가, 어떻게 쓸 것인가? 이 세 가지가 명확해지자 블로그가 훨씬 가볍고 즐거워졌고, 매일의 글쓰기가 더 이상 부담스러운 일이 아니게 되었습니다.

첫째는 시간 루틴입니다. 블로그를 오래 운영하는 분들의 공통점은 '글을 잘 쓰는 사람'이 아니라 '자주 쓰는 사람'이라는 점이었습니다. 하루 포스팅 3개를 적는 적합한 시간때는 '자투리 시간'에 있었습니다. 아침에 눈을 뜨고 10분, 점심을 먹고 커피 한 잔 마시며 10분, 그리고 잠들기 전 조용한 시간에 10분. 이렇게 하루의 짧은 시간을 글쓰기 시간으로 정해 두었습니다. 물론 항상 글을 완성한 것은 아니었습니다. 때로는 블로그 창만 열어 두고 생각을 정리한 날도 있었습니다. 하지만 이런 루틴을 정해 두면 그 시간에는 내 몸이 글쓰기 모드로 작동했습니다. 블로그는 단지 글을 쓰는 공간이 아니라, 제 자신을 일으켜 세우고 생각을 붙잡아 주는 이정표 같은 역할을 해 주었습니다.

둘째는 주제 루틴입니다. 블로그를 하다 보면 가장 자주 마주치는 벽이 "오늘은 뭘 써야 하지?"라는 막막함이었어요. 그럴땐 요일별 주제를 미리 정해 두고 적어 보세요. 월요일엔 책 이야기, 화요일엔 맛집 리뷰, 수요일엔 일상 관찰, 목요일엔 마음에 남은 문장, 금요일엔 실용 정보나 추천 글, 주말엔 여행이나 다시 맛집 이야기. 이렇게 일주일의 구조를 짜자 놀랍게도 콘텐츠에 대한 고민의 절반이 사라집니다. '무엇을 쓸까' 고민하는 대신, '어떻게 쓸까'에 집중할 수 있었고, 글감은 자연스럽게 떠올랐습니다. 책을 읽다 떠오른 생각, 점심에 먹은 음식, 출근길에 본 풍경, 아이가 던진 한마디까지. 모든 것이 매일매일의 글감이 되었습니다. 주제를 미리 정해두니 자료 정리도 수월해졌고, 글이 안 써지는 날에도 방향을 잃지 않았습니다.

셋째는 형식 루틴입니다. 처음에는 매번 글의 형식을 새로 고민하느라 에너지가 많이 들었습니다. 인터뷰처럼 쓴 글도 있었고, 에세이 스타일, 리뷰 형식도 있었습니다. 하지만 매번 그렇게 시작하려 하다 보니 글쓰기 전에 지쳐버렸습니다. 그래서 아예 저만의 글쓰기 틀을 하나 만들었습니다. 도입부에는 나 혹은 주변 사례를 넣고 → 관련된 명언 혹은 책에선 본 내용 → 내용 요약과 생각 → 마무리는 독자에게 던지는 질문'으로 끝맺습니다. 이렇게 틀을 정해 두자 글쓰기가 훨씬 빨라졌고, 독자분들의 반응도 안정적으로 이어졌습니다. 반복되는 형식이 지루하게 느껴질 수 있지만, '익숙함'은 오히려 신뢰를 만들었습니다. 무엇보다 제가 스스로 부담을 덜고 쓸 수 있었기에 지속이 가능했습니다. 결국 가장 중요한 것은, 제가 글쓰기를 멈추지 않게 만드는 구조였습니다. 루틴은 지루함을 주는 것이 아니라, '지속 가능성'을 만들어 주는 도구였습니다. 매번 새로운 방식으로 화려하게 시작하는 것보다, 저만의 방식으로 오래가는 것이 훨씬 낫다고는 것을 알게 되었습니다. 이렇게 정해진 시간, 주제, 형식의 루틴은 제가 블로그를 180일 넘게 지속할 수 있었던 핵심 비결이 되었습니다. 매일 정해진 시간에 앉아, 정해진 주제 중 하나를 골라, 익숙한 형식으로 글을 쓰는 일. 그 반복 속에서 글쓰기 실력도 자연스럽게 길러졌고, 무엇보다 글쓰기가 제 일상이 되었습니다. 어떤 날은 마음이 복잡하고, 어떤 날은 쓰고 싶은 말이 없을 때도 있었습니다. 하지만 루틴이 있었기에 다시 제 자리로 돌아올 수 있었습니다. 루틴은 저를 위해 기다려주는 약속 같은 존재였습니다.

그래서 오늘도 정해진 시간, 정해진 공간에서 노트북이나 핸드폰을 켭니다. "오늘은 어떤 이야기를 꺼내 볼까?" 떠오르는 대로 적어 보고, 익숙한 형식으로 다듬고, 마지막엔 스스로에게 한 줄을 물어봅니다. "이 글은 나를 닮았는가?" 그렇게 또 하나의 글이 완성됩니다. 루틴은 결국 나를 지키는 방식입니다. 쓰고 싶은 날만 쓰는 사람은, 결국 아무것도 쓰지 못하게 됩니다. 진짜 중요한 것은, 쓰고 싶지 않은 날에도 나를 자리에 앉게 만드는 힘입니다. 그리고 그 힘이 제 안에 만들어졌을 때, 블로그는 비로소 제 삶의 일부가 되었습니다.

이제 여러분의 차례입니다. 여러분만의 루틴을 만들어 보세요. 작고 단순한 방식이어도 충분합니다. 중요한 것은 "계속 쓸 수 있는가?"라는 질문 앞에 스스로 당당하게 고개를 끄덕일 수 있는 그날까지, 나만의 템포로 글쓰기를 이어 가는 것입니다. 글쓰기의 비밀은 거창한 이론이 아니라, 작지만 단단한 습관 속에 숨어 있습니다.

삶의 글이 되는 쓰기

　진짜 글이 되는 건 거창한 사건보다 오히려 평범한 순간들입니다. 쓰는 사람의 시선에 따라, 그 하루는 누군가의 마음에 오래 남는 문장이 될 수 있습니다. 미라클 모닝을 하는 요즘 저는 책을 읽고 필사를 하고, 그 내용을 블로그 포스팅으로 글을 적었습니다. 주언규 님의 『혹시, 돈 얘기해도 될까요?』에는 이런 문장이 나옵니다.

　"성공하는 사람과 성공하지 못하는 사람의 결정적 차이는 '노력'을 바라보는 관점에 있다. 성공하는 사람은 노력을 '기본값'으로 여긴다. 노력을 기본값으로 생각하는 사람은 성공할 수밖에 없다. 환경이 바뀌면 그 환경에 맞춰 또 노력하고, 상황이 안 좋으면 더 노력해서 상황을 바꾸려 한다. 노력은 특별한 것이 아니라 당연한 것이다. 이 사실만 받아들여도 당신의 인생은 완전히 달라진다."

"요즘 저는 새벽 4시 30분에 알람을 맞추고 일어납니다. 그리고 '노력하는 사람들'의 방에서 앞서 일어난 분들의 필사 인증, 달리기 인증, 글쓰기 인증을 보며 내가 이렇게 게을렀구나 하는 생각을 하며 반성합니다. 세상은 넓고, 노력하며 열심히 사는 사람들이 정말 많습니다. 저도 그냥 혼자만의 길을 갈 때는 몰랐습니다. 독서모임, 필사 모임, 심지어 육아 채팅방을 가봐도 새벽부터 활동하시는 분들이 많습니다. 그런 분들을 자꾸 만나고 접하고 이야기하다 보니 다들 잘 되는 이유를 알게 되었어요.

성공하는 사람과 성공하지 못하는 사람의 결정적 차이는 '노력'을 바라보는 관점에 있다. 성공하는 사람은 노력을 '기본값'으로 여긴다. 노력을 기본값으로 생각하는 사람은 성공할 수밖에 없다. 환경이 바뀌면 그 환경에 맞춰 또 노력하고, 상황이 안 좋으면 더 노력해서 상황을 바꾸려 한다. 노력은 특별한 것이 아니라 당연한 것이다. 이 사실만 받아들여도 당신의 인생은 완전히 달라진다.'

제가 주언규 씨를 신사임당 '창업 다마고찌' 시절부터 한 명의 팬으로서 성공하고 망하고 다시 일어나 성공하는 모습을 계속 지켜봤습니다. 그리고 주언규씨 책을 아침에 필사를 하다가 이 사람은 잘될 수밖에 없구나를 생각했습니다. 환경이 바뀌면 누구나 노력하지만, 노력의 대가를 바라보는 태도에는 차이가 있습니다. 하지만 노력에 대해 보답을 원하는 사람이 있고, 당연하게 여기는 사람들이 있습니다. 노력을 디폴트 값으로 하고 계속 나아가면 잘될 수밖에 없습니다. 잘 안되는 게 너무 이상한 이야기 같습니다. 최근 포스팅에 저의 아침 루틴을 적었습니다. 그 내용은, 필사, 나의 다짐, 하루 일정, 블로그 글쓰기 그리고 달리기에 대한 내용이었죠. 제 글을 본 이웃분들은 아침에 저의 부지런함에 동기부여가 되어 "저도 그 카톡 방에 초대해 주세요!", "노력하는 모습이 멋지십니다!", "생각없이 살때는 그런 모습이 보이지 않죠"라는 댓글로 공감을 해주었습니다. 저 또한 사람들의 일상에 대한 글을 보며 나의 하루가 충분히 글이 될 수 있다는 것을 확신하고 있습니다. 그리고 어쩌면 그런 평범함이야 말로 더 많은 사람들의 마음에 닿을 수 있죠. 저는 일상 속에서 글감을 찾는 훈련을 자주 합니다. 책을 읽다가 마음에 남는 문장을 만나면 왜 좋았는지를 곰곰이 생각해 보았습니다. 명절에 시골을 다녀오며 본 풍경, 어머니가 묵은지를 꺼내시며 하신 말씀, 아이가 잠들기 전 혼잣말처럼 내뱉은 한마디까지. 그것들이 어느새 저의 글이 되었습니다. 글감은 멀리 있는 것이 아니었습니다. 가장 가까운 곳, 가장 익숙한 곳에 있었지요. 단지 우리가 그것을 그냥 흘려보냈기 때문에 글이 되지 않았던 것뿐이었습니다. 그래서 저는 글쓰기를 '붙잡기'라고 표현하곤 합니다. 흘러가는 생각을 붙잡고, 지나가는 장면을 기록하는 일. 그게 바로 쓰는 사람의 시선이고, 작가의 감각이라고 생각합니다. 일상을 글로 바꾸기 위해서는 몇 가지 연습이 도움이 됩니다.

블로그 글쓰기 180일 동안 저는 특별한 콘텐츠 전략 없이도 많은 글을 쓸 수 있었습니다. 그 비결은 제 하루를 주제로 삼았기 때문입니다. 날씨, 카페, 책 한 권, 아이와의 대화, 퇴근길. 이 모든 것이 저의 글감이었고, 그중 많은 글들이 독자들과 연결되었습니다. 특별한 경험이 아니었음에도 공감이 생긴 이유는, 글 안에 진짜 감정이 담겨 있었기 때문이라고 생각합니다. 그래서 저는 오늘도 누군가에게 대단한 정보를 주기보다는, 제 마음을 솔직하게 드러내는 글을 씁니다. 매일의 삶 속에서 발견한 작은 진실 하나를 꺼내어,

조용히 꿰매듯 문장으로 엮어 냅니다. 하루를 잘 살고 싶은 마음이 글로 이어질 때, 그 글은 곧 나를 위한 기록이 됩니다. 누군가에게 보여 주기 위한 글이 아니라, 나 자신의 마음을 놓치지 않기 위해 쓰는 글. 그것이 바로 일상을 기록하는 글쓰기의 본질이라고 믿습니다.

  이제는 더 이상 "저는 쓸 게 없어요"라는 말을 하지 않습니다. 단지 아직 써 보지 않았을 뿐이라는 걸 알게 되었기 때문입니다. 여러분의 하루도 이미 한 편의 글이 될 준비를 마쳤습니다. 오늘 있었던 작은 일 하나를 떠올려보세요. 그 장면에 여러분의 감정을 덧붙이고, 떠오른 생각을 따라가다 보면 어느새 한 편의 글이 완성되어 있을 것입니다. 일상은 매일 우리에게 새로운 글감을 선물하고 있습니다. 문제는, 우리가 그것을 얼마나 잘 붙잡을 준비가 되어 있느냐는 것입니다. 그리고 많은 분들이 공감해 주셨던, 제가 블로그를 시작하게 된 계기였던 '치킨 스토리' 포스팅을 중심으로 브런치 작가 신청했습니다. '내가 잘 쓰는 글은 무엇인가'보다 '지금 내가 무엇을 경험하고 살아 내고 있는가'를 솔직하게 담아냈습니다. 신청 당시 저는 활동 주제란에 다음과 같이 적었습니다. '개인 브랜딩', '글쓰기(나&자녀)', '취업', '직장생활'. 그저 지금 제 일상에서 진심을 담아 쓰고 있는 이야기들이었죠. 돌아보면, 판단의 기준은 글의 완성도가 아니라 '글을 쓰는 사람인가'였던 것 같습니다. 그리고 그 물음에 '나는 매일 쓴다'고 말할 수 있었던 것이 전부였습니다. 무엇보다 기억에 남는 건 블로그 이웃 중 한 분의 말이었습니다. 닉네임 '행복한 금작가'님은 "기훈씨는 이미 작가예요. 글을 쓰는 사람은 작가예요."라며 늘 이렇게 말해 주었어요. 그 말은 제 마음에 오래 남았고, 제가 종이책에 도전할 수 있는 용기와 발판을 만들었습니다. 결국 저를 작가로 만들어 준 건 화려한 콘텐츠가 아니라, 하루하루를 살아 내며 기록한 평범한 삶의 조각들이었습니다.

> 📖 브런치에 작가로 등록하고 싶었지만, 어디서부터 시작할지 막막하셨죠?

아래 QR 코드를 스캔하면, 작가 신청부터 글 올리는 방법까지 차근차근 따라할 수 있어요.

시간만 지연되는
글쓰기의 시간이 올 때

  글을 쓰고는 싶지만 자꾸 미루게 되는 분들에게 공통적으로 나타나는 한 가지 특징이 있습니다. 바로 '시작을 하지 못한다'는 점입니다. 글을 못 쓰는 것이 아니라, 첫 문장을 시작하지 못하는 경우가 많습니다. 도입이 떠오르지 않다 보니 본문도 이어지지 않고, 마무리도 흐트러지게 됩니다. 저 역시 수없이 많은 초안 앞에서 첫 문장에만 매달렸습니다. "이 문장은 별로인 것 같아"라는 생각이 들면 다시 지우고, 또 지웠습니다. 하지만 그렇게 계속 미루다 보면 결국 글 자체를 쓰지 못하게 되었습니다. 그러다 어느 날부터 저는 마음을 바꿔먹었습니다. 무조건 첫 문장을 써 보기로 했습니다. 틀려도 괜찮고, 어색해도 괜찮다고 스스로를 다독이며 말입니다. 왜냐하면 글이라는 건, 첫 문장을 써야 두 번째 문장도 따라오기 때문입니다. 첫 문장을 쓰는 일은 마치 창문을 여는 것과 같습니다. 닫힌 공간에 바람을 들이려면, 누군가가 용기 내어 창문을 열어야 합니다. 글에서도 첫 문장이 바로 그 창문입니다. 처음에는 머뭇거리지만, 일단 손잡이를 잡고 창을 열면 그 다음은 바람이 자연스럽게 들어오듯, 글도 첫 문장이 있어야 생각도 감정도 이야기도 흐르기 시작합니다.

첫 문장을 완벽하게 써야 한다는 강박은 글쓰기를 오히려 어렵게 만듭니다. 중요한 건 어떤 방식이든 일단 쓰는 것입니다. 질문으로 시작해도 좋고, 풍경 묘사로 열어도 좋으며, 감정을 그대로 드러내도 괜찮습니다. "오늘은 왜 이렇게 마음이 복잡할까?"와 같은 문장도 훌륭한 시작입니다. 첫 줄이 무너지면, 나머지는 자연스럽게 따라옵니다. 저는 블로그 글을 쓸 때마다, 첫 문장을 따로 연습하곤 합니다. 보통 노트북 메모장이나 휴대폰 메모 앱을 열고 제목만 남겨둔 글이 수십 개에 이릅니다. 책을 읽다가 마음에 드는 문장을 만나면 "이 문장을 읽고 왜 가슴이 먹먹했을까?"로 시작하는 연습을 해 보고, 어떨때는 딸 아이와의 대화를 기억하며 "딸이 오늘 제게 이렇게 말했습니다."로 문장을 열며 그 말에 대한 제 생각을 덧붙일 때도 있습니다. 글의 시작은 언제나 무겁습니다. 하지만 첫 문장을 넘기면 점점 가벼워집니다. 글쓰기의 문턱을 넘는 데 필요한 건 아이디어보다도 '첫 줄의 용기'입니다. 독자도 마찬가지입니다. 대부분의 독자들은 첫 문장 한 줄을 읽고 스크롤을 내릴지 말지를 결정합니다. 그렇기에 첫 문장은 저 자신을 위한 동시에, 독자를 위한 문장이기도 합니다. 좋은 첫 문장을 쓰기 위한 방법은 생각보다 단순합니다.

첫째, 하고 싶은 말을 먼저 정리해 보는 것입니다. 글에서 전하고자 하는 핵심을 떠올리면, 그 핵심을 압축한 문장이 자연스럽게 나옵니다.

둘째, 감정에서 출발해 보세요. 오늘 내가 가장 강하게 느꼈던 감정이 무엇이었는지 떠올리고, 그 감정이 솟구친 순간을 풀어내면 첫 문장이 만들어집니다.

셋째, 장면을 묘사해 보는 것도 좋습니다. 풍경, 냄새, 소리, 손의 감촉처럼 감각적인 요소는 독자의 몰입을 돕는 훌륭한 도입이 됩니다. "창밖에 비가 내렸다"는 단순하지만, "어제와 같은 속도로 비가 내리는데, 오늘은 유독 조용하게 느껴졌다"는 문장으로 감정을 넣는 문장을 만들 수 있습니다.

넷째, 의문형을 활용해 보시기 바랍니다. "우리는 왜 어떤 기억은 끝까지 붙잡을까요?"와 같은 질문형 문장은 독자의 생각을 자연스럽게 이끌어냅니다.

다섯째, 평소 마음에 남은 문장을 메모해 두는 습관도 큰 도움이 됩니다. 좋은 첫 문장은 훈련 없이 갑자기 나오는 것이 아닙니다. 자주 써 보고, 계속 쌓아두며 틀을 넓혀야 합니다.

처음부터 훌륭한 첫 문장을 써야 한다고 생각하는 분은 결국 아무 말도 시작하지 못하게 됩니다. 오히려 첫 문장을 던지고, 다시 읽고, 다시 다듬는 과정에서 더 나은 문장이 탄생합니다. 지금까지 제가 써 온 블로그 글 중에서도 첫 줄을 두세번 바꾸며 마무리한 글이 참 많았습니다. 하지만 가장 중요한 건 언제나 같았습니다. 일단 써야 다음이 온다는 점입니다. 글을 시작하는 힘은 결국, 쓰는 사람 안에서 만들어지는 것입니다. 누군가가 대신 써 줄 수는 없습니다. 하지만 우리는 언제든 스스로에게 "괜찮아, 그냥 한 줄만 써 보자."라고 말할 수 있습니다. 그 한 줄이 오늘의 글이 되고, 오늘의 글이 나를 앞으로 나아가게 합니다. 그래서 저는 오늘도 블로그 편집창을 열고 "오늘 아침, 아이가 제게 이런 질문을 했습니다."라는 첫 문장을 써 봅니다. 그 한 줄이 이어져 다시 하나의 하루가 기록됩니다. 글은 그렇게 시작됩니다. 그리고 그 시작은, 언제나 저 자신에게 달려 있습니다.

생각을 확장하는 글쓰기

어느 날 블로그 글을 쓰던 중, 문득 이런 생각이 들었습니다. '나는 지금 무슨 이야기를 하고 싶은 걸까?' 글감은 충분히 있었고, 형식도 익숙했습니다. 그런데 막상 글을 다 쓰고 나니 왠지 아쉬움이 남았습니다. 정보는 있었지만 생각은 부족했고, 정작, 제대로 전달한 메시지는 없었습니다. 그때 깨달았습니다. 글을 깊이 있게 만들어 주는 것은 글감 자체가 아니라, 그 안에 담긴 '사유'에서 비롯됩니다. 글이 단순한 소개나 요약에 머무를 수도 있고, 누군가의 마음을 울리는 통찰로 확장될 수도 있는 차이는 결국, 글을 쓰는 사람이 얼마나 깊이 생각을 확장했는가에 달려 있었습니다. 그리고 그 시작은, 아주 작은 질문 하나에서 비롯된다는 것을 알게 되었습니다. 질문은 생각을 끌어내는 손잡이입니다. 질문이 없는 글은 대개 단순한 묘사에 그치기 쉽습니다. 예를 들어

책 한 권을 읽고 "이 책은 이런 내용을 담고 있습니다"라고 요약하는 것만으로는 글쓰기라고 하기 어렵습니다. 하지만 "이 문장이 왜 내 마음을 건드렸을까?", "이 내용은 지금 내 삶과 어떤 연결점이 있을까?", "나는 이 저자의 주장에 얼마나 동의하는가?"와 같은 질문을 던지면 글의 방향이 완전히 달라집니다. 독자는 질문을 통해 글쓴이의 생각을 만나게 되고, 글을 쓰는 저 또한 그 질문을 붙잡으며 제 감정과 경험을 더 깊이 들여다보게 됩니다. 결국 질문은 글을 쓰는 저 자신을 향한 도구이자, 독자와 저를 이어 주는 연결 고리가 됩니다. 저는 매일 글을 쓸 때 스스로에게 던지는 질문을 정리해 두고 반복해서 사용합니다.

"오늘 겪은 일 중 인상 깊어던 장면은?"
"그 장면은 왜 그런 감정을 느꼈을까?

이런 질문들을 통해 "오늘 회사에서 회의가 있었다"는 문장은 "회의 중 팀장의 말 한마디에 마음이 복잡했던 이유는 무엇일까?"라는 식으로 바뀝니다. 글이 훨씬 더 저를 닮고, 제 내면 깊숙한 곳까지 닿게 됩니다. 저는 이것을 '질문형 글쓰기'라고 부릅니다. 질문이 담긴 글은 단순한 정보보다 깊은 인사이트를 만들고, 독자의 공감을 이끌어냅니다. 질문은 글의 중심을 잡아 주는 닻이 되기도 합니다. 아무리 많은 사례와 정보를 나열해도 글의 중심이 흐트러지면 독자는 쉽게 길을 잃습니다. 하지만 글을 쓰기 전에 "나는 이 글을 통해 무엇을 말하고 싶은가?"라는 질문을 던지고, 그에 대한 답을 따라가듯 글을 써 나가면 글의 초점이 선명해집니다. 그리고 그런 글이야말로 마지막 문장을 읽고 난 후에도 독자의 마음에 무언가를 남깁니다. 우리가 어떤 글을 오래도록 기억하는 이유는, 그 글이 해답을 주었기 때문이 아니라 좋은 질문을 남겼기 때문입니다. 질문은 독자의 생각을 여는 열쇠입니다.

한동안 저는 '질문이 있는 블로그'를 실험처럼 운영한 적이 있습니다. 포스팅 마지막에 꼭 하나의 질문을 남겼습니다.

"당신은 마지막으로 울었던 날이 언제인가요?"
"지금 가장 감사한 사람은 누구인가요?"
"일을 대하는 당신의 태도는 무엇인가요?"

처음엔 조금 조심스러웠습니다. 너무 사적인 질문이 아닐까, 혹시 부담스럽지는 않을까 걱정되었지요. 그런데 의외로 많은 독자분들께서 그 질문에 반응해 주셨습니다. 어떤 분은 댓글로 답을 달아 주셨고, 또 어떤 분은 따로 메시지를 보내 주셨습니다. 그 경험을 통해 저는 질문은 생각을 나누는 가장 인간적인 방식이며, 글을 살아 있게 만드는 가장 따뜻한 장치라는 것을 알게 되었습니다. 좋은 글을 쓰고 싶다면, 글을 쓰기 전에 질문부터 던져야 합니다. 그 질문은 결코 거창할 필요도, 정답을 요구할 필요도 없습니다. 오히려 단순하고 일상적인 질문일수록 더 오래 마음에 남습니다.

"나는 왜 이 일을 계속하고 있을까?"
"나는 요즘 어떤 사람이고 싶은가?"
"이 책이 내게 어떤 영향을 주었는가?"

이런 질문은 문장을 부드럽게 만들고, 독자의 마음에도 잔잔한 여운을 남깁니다. 무엇보다, 질문이 있는 글을 쓰다 보면 나도 몰랐던 내 생각과 감정을 발견하게 됩니다. 글을 통해 나 자신을 이해하는 가장 좋은 방법은, 나 자신에게 질문을 던지는 것입니다. 글의 깊이는 문장의 길이나 문체의 화려함에서 나오는 것이 아닙니다. 얼마나 많은 질문을 던졌는지, 그리고 그 질문에 얼마나 솔직하게 답했는지에 따라 달라집니다. 저는 이제 글을 쓸 때, 언제나 질문부터 시작합니다. "오늘은 어떤 질문으로 나 자신을 흔들어 볼까?"라고 말합니다. 그 과정을 통해 저는 저를 만나고, 글이 한 걸음 더 깊어지며, 독자 또한 그 걸음을 함께 따라오게 됩니다. 오늘 여러분이 쓰실 글에도 질문 하나를 놓아 보시기 바랍니다. 그 질문 하나가, 당신의 글을 특별하게 만들어줄 것입니다.

더 나다운
의식하지 않는 글쓰기

블로그를 쓰기 시작했을 때, 저는 늘 독자의 시선을 의식했습니다. '누가 이 글을 읽을까', '이 표현은 괜찮을까', '문장이 너무 지루하진 않을까' 하는 생각들로 가득했습니다. 그래서 자꾸만 포장하게 되었고, 예상보다 글쓰기에 많은 시간이 걸렸습니다. 심각할 때는 글을 쓰다가 모두 지우고 다시 쓰는 날이 이어졌습니다. 마치 누군가의 평가를 염두에 둔 리포트를 쓰는 것처럼, 마음껏 표현하지 못하고 스스로를 제약하고 있었습니다. 그런데 어느 날, 그 '누군가'는 사실 제 글을 전혀 읽지 않는다는 걸 깨달았습니다. 독자를 의식하며 애써 다듬은 문장들은 아무런 반응이 없었고, 오히려 무심코 써 내려간 글들에 더 큰 반응이 왔습니다. 그때부터 저는 글쓰기의 방향을 완전히 바꾸기로 마음먹었습니다.

'잘 쓰는 글'이 아니라 '나다운 글'을 쓰자. 그것이 오히려 독자에게 더 가까이 가는 길이라는 걸, 저는 뒤늦게야 알게 되었습니다. 글은 결국 자기 자신에게서 시작해야 오래 이어질 수 있습니다. 남에게 잘 보이기 위해 쓰는 글은 금세 지쳐 멈추게 되지만, 자신을 위한 글은 잠시 멈추더라도 다시 돌아올 수 있는 힘이 있습니다.

내 감정, 내 고민, 내 생각을 솔직하게 꺼내는 글은 어딘가 서툴러도 오래 남습니다. '나는 왜 이렇게 자꾸 비교하게 될까', '오늘 하루는 왜 이렇게 허무했을까' 같은 글은 누군가를 설득하기 위한 것이 아니라, 나 자신을 이해하기 위한 글입니다. 그런 글일수록, 글을 쓰는 시간 자체가 위로가 됩니다. 처음엔 조심스러웠습니다. '너무 내 이야기만 쓰는 건 아닐까', '독자들이 지루해하지는 않을까' 하는 걱정도 있었지요. 그런데 오히려 그 솔직함에 반응해 주시는 분들이 계셨습니다. "저도 그래요", "이 글을 읽고 위로 받았어요", "지금 제 마음 같네요"와 같은 말들이 하나둘씩 모였어요. 그때 독자는 멋진 문장보다 '진짜 마음'에 끌린다는 것을 확신했습니다. 지금 저는 글을 쓸 때, 독자의 시선보다 내 마음의 소리에 더 귀 기울이려 노력하고 있습니다. 그보다는 '내가 왜

이 글을 쓰는가'에 집중하려고 합니다. 물론 누구나 읽히는 글을 원합니다. 저 역시 마찬가지입니다. 하지만 그보다 먼저, 나 자신에게 진심인 글을 쓰고 싶습니다.

글을 쓰는 이유가 단지 '좋아요'를 받기 위한 것이라면, 반응이 없을 때 쉽게 방향을 잃게 됩니다. 하지만 글을 쓰는 이유가 '나를 잃지 않기 위해서'라면, 그 글은 어떤 상황에서도 이어질 수 있습니다. 블로그를 쓰다 보면 '잘 쓴 글'과 '나다운 글' 사이에서 갈등하게 되는 순간이 분명히 찾아옵니다. 그때 포기하지 않고 계속 쓰기 위해선, 방향을 분명히 정해야 합니다. 저는 '나다운 글'을 선택했습니다. 어쩌면 덜 다듬어졌고, 어딘가 익숙한 이야기일 수도 있겠지만, 제 마음이 가장 편안하게 앉아 있을 수 있는 글, 그런 글이야말로 진짜 저를 담고 있다고 믿습니다. 글을 쓰는 분들이라면 누구나 한 번쯤 '나는 왜 이걸 쓰고 있지?'라는 질문을 스스로에게 던지게 됩니다. 그 질문이 들기 시작하는 순간, 글쓰기는 전환점을 맞이하게 됩니다. 누군가의 시선을 의식하며 쓴 글이 아니라, 내 시선을 되찾는 글이 되기 때문입니다. 그때부터 글은 더 이상 과제가 아닙니다. 글은 기록이 되고, 고백이 되고, 해석이 되고, 그리고 치유가 됩니다.

글을 쓰는 이유는 누군가에게 인정받기 위해서가 아니라, 내 마음을 정확하게 바라보기 위해서입니다. 그 마음이 선명해질수록, 글은 단단해지고 솔직해집니다. 때로는 무슨 말인지 정리되지 않은 채 흐르기도 하고, 감정에 치우친 문장이 나올 때도 있습니다. 그래도 괜찮습니다. 그런 글이야말로 진짜 글이기 때문입니다. 글을 쓰다 보면, 어느 순간 내가 나에게 보내는 편지를 만나게 됩니다. 그리고 그 편지는 아주 오랜 시간이 흐른 뒤에도 여전히 저에게 말을 걸어옵니다. 블로그를 통해 저는 이전보다 더 분명하게 저 자신을 알아가게 되었습니다. 글을 쓰기 전에는 몰랐던 감정, 설명하기 어려웠던 상처, 외면하고 있었던 생각들이 글이라는 도구 덕분에 비로소 정리되었습니다. 결국 글쓰기란, 자기 자신을 이해하는 가장 좋은 방법 아닐까요? 누구에게나 자신만의 삶의 속도와 언어가 있습니다. 그것을 무시하고 타인의 속도와 말투만을 따라가다 보면, 글은 점점 메말라갑니다.

  블로그를 시작하면서 저는 제게 "여기에서는 진짜 나를 감추지 말자"고 약속했습니다. 그 약속 덕분에 지금까지도 저는 블로그를 꾸준히 이어올 수 있었습니다. 그리고 그 약속 덕분에 비슷한 고민을 가진 분들과 연결될 수 있었습니다. 결국 제 글을 읽어 주시는 분들도, 저와 같은 고민을 하시는 분들이기 때문입니다. 이제 저는 글을 쓸 때 '어떻게 써야 할까?'보다 '지금 내 마음은 어떤가?'를 먼저 질문합니다. 혹시 지금 글을 쓰고 싶지만 누군가의 시선 때문에 망설이고 계시다면, 한 번 방향을 바꿔보시길 바랍니다. 글은 원래 자신을 위한 것입니다. 그리고 그렇게 솔직한 마음으로 자신을 위해 쓴 글이, 어느새 누군가에게 가장 깊은 울림이 되어 돌아옵니다. 독자를 의식하지 않을수록, 여러분만의 언어가 살아납니다. 그 언어는 결국, 여러분의 삶을 가장 정확하게 설명해 주는 문장이 되어 있을 것입니다.

글 한 줄이 바꿔놓은
마음의 방향

 처음 블로그에 글을 쓰기 시작했을 때, 단 한 줄조차 쉽게 써지지 않았습니다. 누가 이 글을 읽을까, 이 표현은 괜찮을까, 너무 진지한 건 아닐까 머릿속에 떠오른 말보다 걱정이 먼저 손가락을 붙잡았고, 쓰고 지우기를 반복하다 시간을 허비한 날이 많았습니다. 그렇게 조심스럽게 시작된 글쓰기였지만, 어느 순간부터 저는 글 속에서 제 얼굴을 발견했습니다. 말보다 솔직한 문장, 하루를 돌아보는 단어, 그 안에는 제가 생각보다 더 자주 불안해하고, 더 진하게 사랑하고 있다는 진심이 담겨 있었습니다. 블로그는 그런 공간이었습니다. 누구에게 보이기 위해서가 아니라, 내가 나를 들여다보기 위해 남긴 흔적의 공간.

그러던 어느 날, 2023년 8월부터 시작된 책 리뷰가 점점 쌓이면서 블로그 방문자와 댓글이 조금씩 달렸습니다. 제 글쓰기는 특별한 목적이 있었던 건 아닙니다. 그저 읽은 책에서 인상 깊었던 문장을 기록하고, 그에 대한 제 생각을 적어나가고 싶었을 뿐이었어요. 그렇게 한 권, 두 권 리뷰를 남기던 중, 뜻밖에도 2024년 11월, '문학뉴스'라는 매체로부터 한 통의 메일이 도착했습니다. "도서 전문 블로거님들을 대상으로 객원기자를 모집하고 있습니다. 리뷰 콘텐츠에 대한 다양한 참여를 나누고자 합니다."라는 메시지였죠. 솔직히 말하자면, 왜 제가 그 대상이 되었는지는 지금도 잘 모르겠습니다. 저는 그저 하루하루 책을 읽고 감상을 남긴 블로거였을 뿐인데, '문학뉴스'라는 이름의 정식 매체에서 기자 임명을 고려하고 있다는 소식에 어리둥절했던 것이 사실입니다. 그래도 그 제안을 받고 나니, "나도 글로 새로운 문을 두드릴 수 있겠구나"라는 용기가 생겼습니다. 기사글을 작성하고 문학뉴스 포털 뉴스에도 제 글이 실리기 시작했을 때, 작게나마 '글이 세상에 닿았다'는 실감이 들었습니다.

그 무렵, 개인적인 어려움도 함께 찾아왔습니다. 2024년 봄, 장모님이 췌장암 판정을 받으셨고, 저희 가족은 힘든 시간을 보내고 있었습니다. 저는 그 마음을 블로그에 조심스럽게 꺼냈습니다. 특별한 문장이 아니었습니다. 있는 그대로의 감정, 힘겹게 버티고 있다는 조용한 고백이었죠. "눈물을 흘립니다. 이 포스팅이 내 안에 슬펐던 모든 것을 다 포함하고 있어서… 힘내라는 말은 못하겠어요. 대신 고마워요 기훈씨.", "글 읽으면서 눈물이 흐르네요. 어머니께서 꼭 쾌차하시길 기도 보낼게요."

  그 댓글들을 보며 알게 되었습니다. 글은 나를 위해 시작했지만, 결국 누군가의 마음에 닿습니다. 내 감정을 솔직하게 꺼냈을 뿐인데, 그것이 누군가의 말이 되었다는 사실이 저를 울렸습니다. 그 즈음 저는 블로그를 통해 두 가지 중요한 길을 발견하게 됩니다. 첫 번째는 내면의 확장입니다. 글을 쓴다는 건 단순한 표현이 아니라, 감정을 붙잡는 일이라는 걸 깨달았습니다. 마음속에 떠오른 불편한 감정, 어렴풋한 불안, 설명할 수 없는 복잡함. 글을 쓰면서 그 감정들의 실체를 조금씩 이해했고, 그렇게 나 자신을 덜 미워하고, 더 자주 안아 줄 수 있게 되었습니다. 두 번째는 시선의 변화입니다. 내 글을 누군가가 읽고, 누군가 공감해 주는 순간, 외롭던 마음을 위로 받았습니다. '브랜딩'이나 '성과'가 아닌,

진짜 '연결'이란 이런 것이구나 싶었죠. 그래서 저는 이제 확신합니다. 블로그는 단순한 플랫폼이 아니라, 저라는 사람을 변화시키는 실험실이자 정원이었습니다.

기자라는 직함은 여전히 조심스럽지만, 그 모든 시작은 블로그에 남긴 단 한 줄의 문장에서 비롯되었습니다. 소소한 기록이었던 그 한 줄이 결국 제 인생의 방향을 바꾸어 놓았습니다. 이제, 저는 그 블로그 위에 또 하나의 여정을 시작하려 합니다. 더 이상 혼자만의 기록이 아니라, 가족과 함께 만드는 이야기, 아이와 함께 나누는 한 권의 책을 향한 발걸음입니다. 글을 쓰는 이유는 달라졌지만, 그 시작은 여전히 같습니다. 하루 하나의 문장. 그 문장이 저를 다시 저에게 데려다 주었습니다. 그리고 이제, 그 문장은 '우리'를 향해 나아가고 있습니다.

5부

작가가 된다는 것, 180일의 여정

"멈추지 않는 것이,
작가의 길이며, 인생이다."

글을 쓰며 만드는
자아실현의 꽃

처음 글을 쓰기 시작했을 때, 저의 바람은 소박했습니다. 블로그를 통해 치킨값이라도 벌어 보자는 마음, 그리고 하루하루를 기록해 보고 싶다는 소박한 소망이었습니다. 하지만 글이 차곡차곡 쌓이고, 그것이 습관이 되며, 어느덧 180일이라는 시간이 흐르면서 저는 아주 천천히 변화하기 시작했습니다. 글을 쓰기 전의 저와 지금의 제가 분명히 다르다는 걸 느낀 순간은, 누군가 "요즘 많이 달라지셨네요."라고 말해 주었을 때가 아니라, 제가 저 자신을 훨씬 더 정확하게 설명할 수 있게 되었을 때였습니다.

말로는 도무지 풀리지 않던 감정을 글로 적어 보고, 스쳐 지나가던 마음의 결들을 붙잡다 보니, 저는 어느새 더 깊고 단단하게 나를 이해하는 사람이 되어 있었습니다. 글쓰기는 그렇게 제 안쪽을 바꾸었고, 삶의 방향까지도 조금씩 바꾸어 놓았습니다.

첫째, 글을 쓰면서 저의 '관점'이 바뀌었습니다. 예전에는 일상 속에서 짜증나는 일이 생기면 그걸 그저 '짜증'으로만 받아들이곤 했습니다. 그런데 블로그에 하루를 기록하며 "이 상황이 나에게 어떤 의미였을까?"라고 되물으면서, 같은 사건도 다르게 바라보게 되었습니다. 불편한 상황도 글감이 되며, 실패의 경험도 나눌 수 있는 이야기로 바뀌었습니다. 삶은 그대로였지만, 제가 해석하는 방식이 달라지니 감정도 함께 변했습니다. 글을 쓰면서 저는 점점 더 '생각하는 사람'이 되어갔습니다.

둘째, 글쓰기는 저의 '자존감'을 회복시켜 주었습니다. 직장에서는 때로 능력보다 분위기, 성과보다 관계가 더 중요하게 여겨졌고, 그로 인해 무기력감을 느끼는 날이 많았습니다. 하지만 블로그에서는 누구의 허락도 필요 없이 제 이야기를 온전히 펼칠 수 있었습니다. 내 목소리를 낸다는 것, 그 연습을 통해 저는 '나는 말할 자격이 있는 사람'이라는 믿음을 다시 갖게 되었습니다.

셋째, 글을 쓰며 저는 '연결의 힘'을 경험했습니다. 제 글을 읽고 공감해 주시는 분들이 생겼고, 댓글과 메시지를 통해 생각이 오가는 소통을 이어 갔습니다. 어느 날에는 제가 무심코 써 내려간 문장이 누군가에게 위로가 되었다는 이야기를 들었을 때, 글이 사람과 사람 사이의 관계를 만들 수 있다는 사실에 놀랐습니다. 블로그는 어느 순간 단순한 기록장이 아니라, 제가 세상과 연결되는 창구였습니다.

넷째, 글을 쓰면서 저의 '말하는 방식'도 달라졌습니다. 예전에는 감정이 앞서거나 생각이 정리되지 않아 말이 꼬이는 일이 많았지만, 글을 꾸준히 쓰며 머릿속 생각을 구조화하는 훈련을 했습니다. 덕분에 말할 때도 핵심이 분명해졌고, 누군가의 질문에도 훨씬 더 여유 있게 답할 수 있게 되었습니다. 저는 글을 통해 생각을 정리했고, 그 정리된 생각이 다시 제 말이 되었습니다.

마지막 다섯째, 글을 쓰며 저는 '기록하는 사람'이 되었습니다. 예전에는 늘 "나중에 써야지", "시간 나면 해야지"라고 말하면서도 아무것도 남기지 못했지만, 글을 쓰기 시작하면서는 모든 순간이 더 의미 있게 다가왔습니다. 작든 크든, 흘러가는 하루의 흔적을 붙잡고 싶어졌고, 단 한 문장이라도 기록하려 노력했습니다. 그렇게 모인 문장들이 결국 오늘의 저를 만들었습니다.

사람들은 종종 묻습니다. 글을 써서 뭐가 달라졌냐고요. 저는 이렇게 말씀드립니다. 저는 여전히 평범한 사람이고, 누군가에게는 그저 작은 블로거일지도 모릅니다. 하지만 글을 쓰기 전의 저는 저 자신을 설명할 수 없었고, 제 내면을 들여다볼 용기도 없었습니다. 지금은 다릅니다. 글을 통해 저는 제 생각을 외면하지 않았고, 제 감정을 더 이상 피하지 않았습니다. 세상이 저를 몰라도 괜찮습니다. 제가 저를 이해하고 기록하고 있다는 사실이, 제가 제 삶을 붙잡고 있었습니다.

글은 삶을 한순간에 바꿔주는 마법은 아닙니다. 하지만 글을 쓰는 삶은 분명히 달라집니다. 매일을 더 의식적으로 살아가고, 감정을 흘려보내지 않으며, 생각을 더 깊고 명확하게 바라봅니다. 그리고 그런 작고 섬세한 변화들이 쌓이면, 결국 삶 전체의 방향이 달라집니다. 저는 지금도 매일 글을 씁니다. 블로그든 수첩이든, 마음이 닿는 곳에 글을 남깁니다. 그 글들이 언젠가는 책이 될 수도 있고, 단지 오늘 하루를 기억하기 위한 기록이 됩니다.

중요한 것은 '쓴다'는 그 행위 자체입니다. 쓰지 않으면 잊히고, 기억은 흐려지며, 감정은 바래고, 생각은 흩어집니다. 하지만 글을 쓰면 그 순간이 붙잡힙니다. 저는 그 붙잡힌 순간들 위에 '나'라는 사람을 조금씩 쌓아올리고 있습니다. 지금 이 글을 읽고 계신 여러분도 글을 쓰고 계시다면, 아마 이미 변화의 길 위에 계신 분일지도 모릅니다. 그 변화는 처음엔 작고 조용하게 다가오지만, 결국에는 삶 전체의 궤도를 바꾸는 힘이 됩니다.

글을 쓰는 삶은 단숨에 인생을 바꿔주진 않지만, 매일 조금씩 내면을 정돈하고, 감정을 들여다보게 하며, 생각을 명확히 해 줍니다. 그 작고 조용한 변화들이 쌓이면, 결국 삶 전체의 궤도가 바뀝니다. 저는 여전히 매일 씁니다. 블로그든, 수첩이든, 마음이 닿는 곳에 글을 남깁니다. 중요한 건 '쓴다'는 그 행위 자체이기 때문입니다.

그리고 그 쌓여온 문장들이, 오늘 이 책을 만들었습니다.

지금은 교수님이 된 대학교 선배 형이 제 글을 읽고 이렇게 말해주었습니다. "책을 읽으며 졸업 후 네가 가지고 있었던 삶의 어려움과 고민들을 이해할 수 있었고, 그보다 네가 삶을 대하는 철학과 그 뿌리에 대해 많이 알게 된 것 같아. 마지막에 작가로 완성되어가는 과정을 읽으며 나도 뭉클했어. Steve Jobs가 이야기했던 'Connecting the dots'라는 말이 생각나더라. 지금은 연결되지 않아 보였던 경험들이 결국 하나의 선으로 이어지는 순간. 블로그, SNS, 전자책, 혼자 써 내려간 수많은 글들이 모두 너를 작가로 이끄는 여정이었고, 이 책은 그 여정의 또 하나의 점이라 생각해."

그 말을 들으며, 문득 마음속에 꽃 한 송이가 피어나는 것 같았습니다. 글을 쓰며 나를 이해했고, 글을 쓰며 세상과 연결되었으며, 마침내 '나답게 살아가는 삶'을 꿈꾸게 되었습니다. 이 책은, 제가 글을 통해 피워 낸 작고도 단단한 자아실현의 꽃입니다. 지금 이 글을 읽고 있는 당신도 자신만의 꽃을 피워 가고 있기를 진심으로 바랍니다.

15일 만에 완성하는
나만의 전자책

블로그를 한 달 정도만 꾸준히 운영해 보면 하루 한 편씩 글을 쓰는 루틴이 조금씩 자리를 잡기 시작합니다. 그리고 그쯤 되면 많은 분들이 비슷한 경험을 합니다. "어? 이웃 중 몇 명이 전자책을 냈네?", "전자책이란 게 뭐지?"라는 궁금증이 자연스럽게 떠오르죠. 저 역시 그랬습니다. 처음엔 막막했고, "이걸 과연 내가 할 수 있을까?"라고 스스로에게 자주 되묻곤 했습니다. 전자책이라고 하면 왠지 글도 아주 잘 써야 하고, 전문가만 할 수 있는 무언가 대단한 작업 같았죠.

전자책을 만드는 작업은 생각보다 거창하지 않습니다. 오히려 소책자처럼 간결한 형식이 더 잘 읽히고 반응도 좋습니다. 일반적으로 20~100페이지 이내의 분량이며, 잘만 준비하면 5일 안에 ISBN 발급과 온라인 서점 등록까지도 가능합니다. 저는 일반 전자책은 '작가와', 그림책이나 동화책은 '유페이퍼'를 통해 출간했습니다. 다른 플랫폼들도 있지만, 초보자라면 이 두 플랫폼이 가장 직관적이고 접근하기 쉬울 것입니다. 전자책 제작의 핵심은 '정리'입니다. 완전히 새로운 글을 쓰기보다는, 블로그에 쌓여 있던 글들을 바탕으로 구성하는 것이 핵심입니다. 이 과정이 생각보다 훨씬 수월합니다. 전제 조건은 단 하나입니다. 700자 이상 분량의 글이 최소 30개 이상 있을 것. 이 정도 글이 블로그에 쌓였다면, 누구든 15일 안에 전자책 한 권을 완성할 수 있습니다.

먼저 할 일은 전체 글을 훑어보고, 주제에 따라 글을 분류하는 것입니다. 저는 이를 '콘텐츠 그룹화'라고 부르는데요. 예를 들어 저는 블로그 글들을 '블로그 글쓰기', '브랜딩과 정체성', '운영 노하우와 실전 팁' 이렇게 세 가지 그룹으로 나눴습니다. 각 그룹에서 5~7개의 글을 묶으면 하나의 장(章)이 되고, 각 글은 소주제 혹은 꼭지가 됩니다. 이때 중요한 포인트는, 결이 맞지 않는 글은 과감히 제외하는 것입니다. 저는 블로그에 있던 육아, 여행, 책 리뷰 같은 글들은 주제에서 벗어난다고 판단하고 제외했습니다. 핵심 콘텐츠만 남겼습니다. 이 작업을 마치면, 글이 책으로 바뀌는 전환점이 생기고 자연스럽게 동기부여도 일어납니다. 다음은 '다듬기' 단계입니다. 이때는 너무 복잡하게 접근하지 마시고, 다음의 구성 중 하나를 택하시면 됩니다.

- 두괄식 결론을 먼저 말하는 방식
- 미괄식 마지막에 메시지를 던지는 방식
- 양괄식 처음과 끝에 메시지를 반복
- 서론-본론-결론 구성 방식

저는 여기에 하나 더, '시간의 흐름에 따른 구성'을 추천합니다.
예 : 블로그를 시작하게 된 계기 → 글을 쌓으며 느낀 점 → 전자책을 결심하게 된 이유
이런 흐름은 독자에게 매우 자연스럽고 이해하기 쉽습니다.

문장은 되도록 짧고 명료하게, 쉬운 단어를 사용하는 것이 좋습니다 요즘처럼 긴 글을 기피하는 시대에는, 짧고 명확한 메시지 전달력이 더 중요해졌습니다. 중복된 말투, 불필요한 접속사, 어색한 연결은 과감히 줄이고, 한 문장 한

문장이 '핵심만 남도록' 정제되어야 합니다. 그리고 반드시 전체를 다시 읽으며 오탈자, 문장 구조, 흐름 점검을 하세요. 이 마지막 점검이 전체 완성도를 결정합니다. 이렇게 저는 블로그에 쌓아 둔 글만으로 『블로그 하루 방문자 1000명 어떻게 만들까』라는 전자책을 딱 15일 만에 완성할 수 있었습니다. 처음부터 새로 쓴 게 아니라, 기존 글을 정리하고 다듬었기에 가능했습니다. 그리고 저는 이 과정을 통해 아주 큰 깨달음을 얻었습니다. 전자책은 완벽한 글에서가 아니라, '잘 정리된 글'에서 출발합니다. 중요한 건 '시작하는 용기'입니다. 직접 해 보면 생각보다 훨씬 쉽고, 그 경험은 분명 성장의 계기가 됩니다.

전자책 한 권,
꼭지 20개로 시작

   블로그 글쓰기를 꾸준히 이어 가다 보면, 어느 순간 흥미로운 변화가 찾아옵니다. 처음에는 그저 하루하루 떠오른 생각들을 단순히 기록했던 글들 속에서, 점차 '나만의 색깔'이 드러나기 시작하는 것이죠. 처음엔 일기처럼 소소하게 썼던 짧은 글이 누군가에게는 위로가 되기도 하고, 전혀 기대하지 않았던 순간에 공감을 이끌어내기도 합니다. 하나하나의 글은 독립적인 이야기처럼 보이지만, 시간이 흐를수록 자연스러운 흐름이 생깁니다.

   이 패턴이 쌓일수록, 우리는 무의식중에 '나만의 콘텐츠'를 구성하고 있는 셈입니다. 이 시점이 바로, 전자책을 기획할 수 있는 가장 자연스러운 출발점입니다. 역시 처음에는 굉장히 다양한 주제로 글을 썼습니다. 취업 이야기, 책 리뷰, 일상 글쓰기, 육아, 워킹대디로서의 삶 등 주제가 정해져 있지 않았죠. 그런데 시간이 지나면서 자연스럽게 '내가 자주 말하고 있는 주제'들이 눈에 들어왔어요. 그렇게 저도 어느 순간, 블로그 글을 '대분류'와 '소분류'로 정리해 보기 시작했습니다. 예를 들면, 이번 전자책에서는 다음과 같이 정리했습니다.

> 대분류 | 블로그 운영, 개인 브랜딩
> 소분류 | 블로그 방문자 늘리기, 광고 수익, 키워드 분석, 책으로 글쓰기, 10분 글쓰기 루틴, 전자책 만들기 등

이렇게 주제를 나누고 나면 비슷한 성격의 글들이 자연스럽게 모이기 시작합니다. 저는 이 과정을 '꼭지를 쌓아가는 전자책 만들기'라고 부르게 되었습니다. 꼭지란, 전자책에서 하나의 소주제가 되는 블로그 글을 말합니다. 처음부터 '책 한 권 써야지!'라고 생각하면 부담이 크지만, 블로그 글을 기반으로 하나씩 쌓아가면 훨씬 수월하게 책 한 권을 구성할 수 있습니다. 실제로 저는 블로그 글에서 꼭지 20개 정도를 골라 엮어 전자책을 완성했습니다. 글을 엮을 때 주제의 흐

름과 문장 스타일만 정돈해 주면, 그 자체로도 독자에게 읽히는 전자책이 됩니다. 완전히 새롭게 글을 쓰는 것이 아니라, 이미 내가 쓴 글 속에서 구조를 찾아가는 작업인 셈이죠.

또한, 전자책은 종이책보다 훨씬 간단하고 빠르게 출간할 수 있다는 점에서 첫 책을 만들기에 더없이 좋은 방식입니다. 종이책은 보통 250~300페이지 분량을 요구하고, 출판사 계약부터 편집, 표지 제작까지 시간과 과정이 꽤나 오래 걸립니다. 반면 전자책은 작가와, 유페이퍼, 북크크 같은 플랫폼을 통해 ISBN을 발급받고 온라인 서점에 등록하면, 단 며칠 만에 판매 페이지까지 열 수 있습니다.

전자책은 완벽하지 않아도 괜찮습니다. 하지만, 전자책을 만드는 여러 과정들은 종이책을 만들기 위한 연습을 하는 과정이라고 봐도 됩니다. 출판사와의 전체적인 편집 과정이나 내용의 조율 없이 스스로 만들어 가는 과정이기에 조금 더 자유롭고 쉽게 책을 낼 수 있습니다. 거기에 마케팅, 인쇄, 인건비 등 기타 부대비용이 발생하지 않고 나만의 컴퓨터로 제작해서 내가 직접 출판사에 올려 판매를 하기 때문에 판매에 대한 인세가 종이책 10%에 비하면 전자책은

40%로 상당히 높습니다.

  전자책에서 가장 중요한 건 그동안 쌓아온 글과 경험을 '하나의 콘텐츠'로 구조화하는 일입니다. '작가'라는 단어가 어쩌면 아직 낯설고 거창하게 느껴질 수도 있습니다. 하지만 첫걸음은 그렇게 멀리 있지 않습니다. 그 시작은 바로 지금, 여러분이 블로그에 써둔 글 한 편에서 출발합니다. 완성은 나중의 일입니다. 처음에는 정리가 안 되어 있어도 괜찮습니다. 글을 읽고 다시 보고, 덜어내고 다듬다 보면 어느새 책의 형태가 갖추어지고, 나만의 메시지가 선명해집니다. 가장 중요한 건, 내가 써 온 글들이 책이 될 수 있다는 가능성을 믿고, 그 가능성에 행동으로 다가가는 용기입니다.

흔들리는 마음 위에 쓴 글

 두 번째 전자책을 작성하던 시기에, 예상치 못한 일이 생겼습니다. 외가 쪽에 상이 생겨 장례식장에 머무렀었고, 마음은 복잡했고, 감정은 쉽게 정리되지 않았습니다. 누군가를 떠나보낸다는 것은 그 사람에 대한 기억뿐 아니라, 제 안에 남아 있던 정리되지 않은 감정들까지 함께 흔들어놓는 일입니다. 그런데 아이러니하게도, 저는 그 시기에 장례식장에서 전자책을 쓰고 있었습니다. 왜냐하면, 블로그에는 "이번 달 안에 전자책을 완성하겠습니다."라고 선언까지 해둔 상태였고 날짜가 바로 눈앞이었기 때문입니다. 도망칠 수 없었습니다. 그래서 새벽, 장례식장 한편에 조용히 앉아 노트북을 열었습니다. 불이 모두 꺼진 적막한 공간. 옆 사람의 숨소리까지 들릴 만큼 고요한 새벽이었습니다. 저는 하나씩 글을 적어 내려갔습니다. 그러자 말로는 도무지 꺼내기 어려웠던 감정들이, 글이라는 형태로 서서히 흘러나왔습니다. 그 순간, 저는 처음으로 깨달았습니다. 글은 마음이 평온할 때만 쓸 수 있는 것이 아니라는 거죠. 오히려 마음이 흔들릴 때 쓰는 글이 더 솔직했고, 더 깊었으며, 더 '저 다웠습니다' 눈앞이 흐려질 만큼 감정이 북받쳤던 그 새벽, 저는 "나는 왜 이 책을 쓰고 있는가."에 대해 스스로 묻고 있었습니다. 그 답은 명확했습니다. 누군가에게 보이기 위해서가 아니라, 정리되지 않은 제 안의 마음들을 꺼내기 위해서였습니다. 그러니 쓰지 않을 수 없었습니다.

전자책이라는 형식은 저에게 '기한 안에 결과물을 완성해야 한다'는 부담이었지만, 동시에 그 부담이 저를 밀어 주는 강력한 추진력이 되어 주었습니다. 일상이 흔들릴 때조차, 블로그에 올린 약속 하나 덕분에 저는 다시 글을 쓰는 자리로 돌아올 수 있었습니다. 만약 그 선언이 없었다면, 저는 그 상황에서 분명 글쓰기를 미뤘을 것입니다. 하지만 "이번 달까지 전자책 한 권을 완성하겠습니다."라는 그 한 줄은 제게 책임감을 안겨주었고, 그 책임감이 결국 저를 다시 움직였습니다. 말의 무게는 생각보다 큽니다. 누군가에게 보인다는 건 책임이 생긴다는 뜻입니다. 그래서 결국 새벽 3시까지 초안 작업을 멈추지 않았습니다. 그렇게 완성된 그 글은 훗날 전자책의 중요한 한 챕터가 되었습니다. 만약 그 글이 없었다면, 그 책은 완성되지 않았을지도 모릅니다. 그때 저는 글은 상황이 좋아야만 쓸 수 있는 것이 아니었습니다. 상황이 나아지기를 기다리다 보면, 결국 글을 쓰지 않게 됩니다. 완벽한 환경은 오지 않습니다. 오히려 흐트러진 감정 속에서 더 진실한 글이 나옵니다. 두 번째 전자책을 쓰며 배운 가장 큰 교훈은 이것이었습니다. 책은 '평정심은 쓰는 과정에서 만들어진다'는 것. 감정을 다스린 다음에 쓰는 것이 아니라, 감정을 꺼내 글로 흘려내며 정리해 가는 것입니다. 그렇게 써 내려간 글이 저를 치유했고, 동시에 그 글을 읽은 독자에게도 더 깊은 울림을 전할 수 있었습니다.

마감 시점이 다가오고, 몸과 마음이 모두 지쳐 있을 때 글을 쓴다는 건 결코 쉬운 일이 아니었습니다. 하지만 그 시간을 지나며 저는 글이란 '버티는 힘'이라고 말하게 되었습니다. 글을 쓰는 시간은 감정을 조용히 꺼내는 동시에, 고통을 정리하고 해소하는 방식이 되었습니다. 누구에게나 마음이 흔들리는 순간은 찾아옵니다. 하지만 그 흔들림 속에서 글을 쓰는 사람은, 감정을 흘려보내지 않고 온전히 기록할 수 있습니다. 그리고 그 기록은 시간이 흐른 뒤, 다시 나 자신을 위로하는 문장이 되어 돌아옵니다. 저에게 전자책은 단지 블로그 글을 엮어 만든 결과물이 아니었습니다. 내 마음의 결을 따라, 제가 살아 낸 시기를 한 줄 한 줄 엮어 만든 작은 기록이었습니다. 누군가에게는 단순한 콘텐츠처럼 보였을지 몰라도, 저에게는 그 시기를 무사히 통과해냈다는 증거였습니다. 글을 쓰는 삶은 그렇게 쌓여갑니다. 평온할 때만이 아니라, 가장 불안정한 순간에도. 그래서 저는 오늘도 마음이 흔들릴 때, 먼저 글을 씁니다. 글은 언제나 그 자리에 있고, 저는 그 글을 통해 제 마음을 붙잡습니다. 그러니 어떤 상황에서도, 글은 계속될 수밖에 없습니다.

나를 브랜딩하는
가장 현실적인 방법

    누군가에게 전자책은 그저 하나의 PDF 파일일지도 모릅니다. 하지만 저에게 전자책은 '저를 가장 압축된 문장으로 설명해 주는 형식'이었습니다. 블로그에 남긴 하루하루의 기록을 꺼내어 하나의 흐름으로 엮어가는 과정. 포스트 단위의 단편적인 생각들을 구조화하고, 주제를 나누며, 제목을 짓고 머리말을 쓰고, 마침내 목차를 완성하는 모든 과정이 제 안의 정체성을 조금씩 명확하게 해 주었습니다. "저는 글을 쓰는 사람입니다."라는 말을 이전보다 훨씬 더 자연스럽고 당당하게 꺼낼 수 있게 되었습니다. 전자책 한 권을 만드는 동안 저는 단순히 콘텐츠를 만든 것이 아니라, '나만의 문장으로 나를 설명할 수 있는 사람'이 되어가고 있었습니다.

전자책을 쓰면서 가장 크게 느낀 변화는 '글의 무게'였습니다. 블로그는 속도가 빠릅니다. 글을 올리고, 공유하고, 반응을 확인하고, 다시 수정하는 흐름이 자연스럽게 이어집니다. 반면 전자책은 훨씬 더 많은 고민과 설계가 필요했습니다. 전체적인 흐름을 먼저 짜야 했고, 문장을 여러 번 고쳐야 했으며, 독자가 어떻게 읽을지를 고려했습니다. 그래서 전자책은 단순한 포스트의 묶음이 될 수 없었습니다. 구조를 다듬고 메시지를 정리하는 과정 속에서, 저는 제 생각을 더 깊이 들여다보고 정제하는 훈련을 하게 되었습니다. 블로그에서는 느슨하게 흩어져 있던 이야기들이, 전자책 안에서는 응집된 하나의 메시지로 다시 태어났습니다. 그것이 바로 브랜딩이었습니다. 글을 잘 쓰는 것보다, '방향을 갖고 쓰는 것'이 얼마나 중요한지 저는 그때 처음 실감했습니다.

　글을 쓰면서 여러 가지 기회가 생겼습니다. 여러 출판사들의 독서평, 교보문고 북멘토, 브런치 작가, 문학뉴스 객원기자. 하지만 전자책을 쓰면서 그보다 더 큰 선물은 '저를 설명할 수 있는 한 문장'을 얻게 되었다는 점이었습니다. "저는 책을 쓴 작가입니다."라는 이 말 한 줄이 주는 무게가 얼마나 큰지, 글을 쓰기 전에는 상상하지 못했습니다. 전자책은 제 블로그를 '책'이라는 형태로 번역해 준 도구였고, 독립 출판이라는 자유로운 형식 속에서 저는 하고 싶은 말을 제 방식대로 정리할 수 있었습니다. 그렇기에 전자책은 제 생각, 제 언어, 제 리듬이 고스란히 담긴 결과물이었습니다. 그 과정을 통해 저는 글쓰기 근육을 키워 갈 수 있었습니다. 하루하루 포스팅을 쌓아가는 힘, 글을 구조화하는 사고력, 주제를 정하고 흐름을 설계하는 감각까지, 이 모든 것들이 전자책 작업을 통해 하나씩 길러졌습니다. 그리고 지금 저는 그 근육을 바탕으로, 조금씩 종이책으로 옮겨 가고 있습니다. 전자책은 단지 디지털 파일로 끝나는 것이 아닙니다. 그것은 종이책으로 나아가기 위한 아주 현실적이고 구체적인 발판입니다. 블로그가 저의 연습장이었다면, 전자책은 첫 무대였습니다. 그리고 이제 저는, 그 무대보다 조금 더 넓은 곳으로 나아가 보려고 합니다. 전자책은 작가가 되기 위한 가장 현실적인 첫걸음이었습니다. 지금 글을 쓰고 있는 분이라면, 지금까지 써 온 글들을 한번 모아 보기만 해도 충분합니다. 핵심은 실행입니다. 하루 10분씩, 꾸준히 글을 쓰고, 30편의 글이 쌓이면 그것이 한 권의 메시지가 됩니다. 그리고 그 메시지는 '당신이 누구인지'를 말해 줍니다. 저도 그랬습니다. 블로그를 통해 방향을 잡았고, 전자책을 통해 정체성을 다듬었으며, 이제는 종이책을 준비하며 제 이야기를 더 멀리 보내고자 합니다.

결국 전자책은 단순한 출판물이 아니라, 작가로서의 저를 훈련시키고 성장시키는 트레이닝 공간이었습니다. 한 발자국 더 나아가기 위한, 실질적이고 지속 가능한 기반이 되어주었습니다.

이제 저는 다음 문장을 준비하고 있습니다. 제 이름으로 된 종이책을 세상에 내놓기 위해, 전자책이 알려 준 글쓰기의 힘, 블로그가 선물해 준 기록의 습관, 그리고 글쓰기를 통해 변화해온 저 자신을 한 줄씩 꺼내어 종이 위에 새기고자 합니다. 종이책을 쓰는 그 시간 속에서도 저는 여전히 전자책이라는 든든한 발판 위에서 출발할 것입니다.

『블로그 하루 방문자 1000명, 어떻게 만들까?』

출간일: 2025년 4월

내용: 블로그 글쓰기와 성장 이야기

한 줄 요약: "치킨 한 마리로 시작한 기록이, 작가의 첫 문장이 되다."

📖 **처음 쓴 책, 전자책으로 내는 방법이 궁금하셨죠?**

아래 QR 코드를 스캔하면, 작가와를 활용해 일반 전자책을 등록하는 모든 과정을 알려 드려요.

세 명의 작가에게 배운
출간 노하우

  처음 종이책 출간을 꿈꿨을 때, 저는 막막했습니다. 전자책은 혼자 해낼 수 있었지만, 종이책은 누군가의 도움이 꼭 필요한 일이었습니다. 어떻게 시작해야 하는지, 출판사에는 무엇을 보내야 하는지조차 몰랐습니다. '출간 계획서'라는 단어는 익숙했지만, 그걸 어떻게 써야 하는지는 아무도 알려 주지 않았습니다. 그래서 저는 출간계획서 쓰는 법에 고민하던 중에 부아c 작가님, 부르크쓰 작가님, 모네타리움 작가님의 출간 계획서 강의을 듣게 되었습니다. 세 작가님이 말씀하시는 메시지 중에서 중복되는 세 가지 키워드가 있었습니다. 제 관점에서 정리를 해 보니 '타깃 독자', '손익분기점', '작가의 영향력' 이 세 가지였습니다. 결국 출판사도 책을 팔아야 수익을 내며 회사를 운영할 수 있기 때문에 어떻게 해야 출판사 입장에서 내 책이 팔린다는 것을 고민했습니다. 세 분의 출간 전략을 제 방식대로 정리한 출간 계획서가 완성되었습니다. 마치 회사를 지원하기 위해 이력서를 쓰는 것처럼, 저는 저를 소개하고 설득하는 글을 쓰게 된것이죠. 출간 목적, 시장성, 경쟁 도서 비교, 독자 타깃 분석, 구성까지. 한 페이지씩 써 내려갈 때마다, 글쓰기와는 또 다른 세계에 발을 들인 듯한 기분이었습니다. 그렇게 처음에는 5페이지로 시작했던 계획서는 10페이지를 넘어 결국 20페이지까지 확장되었습니다.

출간 계획서를 만드는 시간이 오래 걸리긴 했지만, 그 과정에서 저는 제 글을 객관적으로 바라보는 시선을 갖게 되었습니다. 이 책이 왜 필요한지, 저는 왜 이 책을 써야 하는지를 말할 수 있게 되었습니다. 그리고 드디어 출판사에 메일을 보내는 순간이 왔습니다. 15곳의 출판사를 정하고, 각각의 방향에 맞게 제목과 메일 내용을 맞춤형으로 조정해 하나씩 보냈습니다. 토요일 오후에 보낸 메일에 월요일 아침 답장이 도착했을 때, 저는 눈을 의심했습니다 제 초안의 전반적인 이야기와 '함께하자'는 메시지가 담긴 회신이 도착했습니다. 또 다른 출판사에서는 직접 미팅을 하자는 제안도 받았습니다. 그렇게 저는 처음으로 출판사 대표님과 마주 앉아, 제 글에 대해 진지하게 설명하는 시간을 가졌습니다. 세 분의 작가님에게 배운 출간 전략은 단순한 팁이 아니었습니다. 그건 "당신도 할 수 있어요."라는 메시지였습니다. 혼자 시작하면 막막할 수 있지만, 누군가의 성공 경험을 참고하고 따라가다 보면 길은 조금씩 보이기 시작합니다. 그리고 그 길 위에서 저는 조금씩 단단해졌습니다. 출간을 위한 계획서는 제 글을 정리하는 시간이었고, 동시에 작가로서의 제 정체성을 다지는 소중한 시간이 되었습니다. 그 모든 시작은 '써 보겠다'는 다짐한 줄에서 시작되었습니다.

다음 장에서는 그 출간 계획서를 15곳에 보내며 어떤 고민과 감정을 느꼈는지, 그리고 그 과정에서 다시 생각하게 된 글쓰기의 의미에 대해 이야기해 보고자 합니다. 전자책은 혼자 해낼 수 있었지만, 종이책은 누군가의 도움이 반드시 필요한 일이었습니다. 어떻게 시작해야 하는지, 출판사에는 무엇을 보내야 하는지조차 몰랐습니다. '출간 계획서'라는 단어는 익숙했지만, 그걸 어떻게 써야 하는지는 아무도 알려 주지 않았습니다. 그래서 저는 출간계획서 쓰는 법에 고민하던 중에 부아c 작가님, 부르크쓰 작가님, 모네타

리움 작가님의 출간 계획서 강의를 접하게 되었습니다. 세 작가님이 말씀하시는 메시지 중에서 중복되는 세 가지 키워드가 있었습니다. 제 관점에서 정리를 해 보니 '타깃 독자', '손익분기점', '작가의 영향력' 이 세 가지였습니다. 결국 출판사도 책을 팔아야 수익을 내며 회사를 운영할 수 있기 때문에 어떻게 해야 출판사 입장에서 내 책이 팔린다는 것을 고민했습니다. 세 분의 출간 전략을 제 방식대로 믹싱한 결과, 저만의 출간 계획서가 만들어졌습니다. 마치 회사를 지원하기 위해 이력서를 쓰는 것처럼, 저는 저를 소개하고 설득하는 글을 쓰게 된거죠. 출간 목적, 시장성, 경쟁 도서 비교, 독자 타깃 분석, 구성 목차까지. 한 페이지씩 써 내려갈 때마다 글쓰기와는 또 다른 세상에 들어온 기분이었습니다. 그렇게 처음에는 5페이지로 시작했던 계획서는 10페이지를 넘어 결국 20페이지에 이르렀습니다.

출간 계획서를 만드는 시간이 오래 걸리긴 했지만, 그 과정에서 저는 제 글을 객관적으로 바라보는 법을 배웠습니다. 이 책이 왜 필요한지, 저는 왜 이 책을 써야 하는지를 말할 수 있게 되었습니다. 그리고 드디어 출판사에 메일을 보내는 순간이 왔습니다. 15곳의 출판사를 정하고, 각각의 방향에 맞게 제목과 메일 내용을 조정해 하나씩 보냈습니다. 토요일 오후에 보낸 메일에 월요일 아침 답장이 도착했을 때, 저는 눈을 의심했습니다. 제 초안의 전반적인 이야기와 '함께 하자는 메시지'가 담긴 메일이 왔습니다. 또 다른 출판사에서는 직접 미팅을 하자는 제안도 받았습니다. 그렇게 저는 처음으로 출판사 대표님과 마주 앉아, 제 글에 대해 진지하게 설명하는 시간을 가졌습니다. 세 분의 작가님에게 배운 출간 전략은 단순한 정보가 아니었습니다. 그건 "당신도 할 수 있어요."라는 메시지였습니다. 혼자 시작하면 막막할 수 있지만, 누군가의 성공 경험을 참고하고 따라가다 보면 길은 조금씩 보이기 시작합니다. 그리고 그 길 위에서 저는 단단해졌습니다. 출간을 위한 계획서는 제 글을 정리하는 시간이었고, 동시에 작가로서의 제 정체성을 다지는 시간이었습니다. 그 모든 시작은 '써 보겠다'는 다짐 한 줄에서 시작되었습니다. 다음 장에서는 그 출간 계획서를 15곳에 보내며 어떤 고민과 감정을 느꼈는지, 그리고 그 과정에서 다시 생각하게 된 글쓰기의 의미에 대해 이야기해 보고자 합니다.

출간 계획서는
작가로 향하는 첫 문

 종이책 출간은 단순히 원고를 쓰는 것에서 끝나지 않습니다. 실제 출간의 시작은 '출간 계획서를 출판사에 보내는 일'에서 출발합니다. 많은 사람들이 블로그에 글을 꾸준히 올리며 작가를 꿈꾸지만, 정작 출간으로 이어지지 않는 이유는 출간 계획서를 출판사에 보내는 '실행의 문턱'에서 멈추기 때문입니다. 출간이라는 길의 시작이 어렵고 막연하게 느껴지기 때문에, 많은 사람들이 첫발을 떼지 못합니다. 사실 저도 처음에는 출간 계획서 없이, 단순한 출간 문의 메일을 출판사에 보냈습니다. 원고도 없이, 그냥 제 진심을 담아 보냈습니다. 왜 그렇게 했냐고요? 시작이 반이라는 믿음 때문이었습니다. 그렇게 3곳의 출판사에 메일을 보냈고, '황금부엉이' 출판사에서 검토 후 회신을 주겠다는 답장을 받았습니다. 짧게 써 보낸 메일에 '미팅 제안'이 담긴 답장은 아니었지만, 그 회신을 받은 순간, 저는 처음으로 '작가가 될 수 있겠다'는 작은 희망을 품게 되었습니다.

출간 계획서를 작성하는 방식은 어렵지 않습니다. 출판사는 작가가 누구이며, 어떤 주제의 글을 어떤 독자에게 전달하려 하는지, 그리고 그 책이 얼마나 대중성과 판매 가능성을 갖고 있는지를 봅니다. 동시에 작가가 출판 과정에서 끝까지 완주할 수 있을지도 중요하게 평가합니다. 실제로 계약 후 원고를 완성하지 못하고 포기하는 사례가 적지 않다고 합니다. 아무리 좋은 내용이라도 책이 팔리지 않으면 출판사 운영에 부담이 되기 때문에, 기존 작가나 영향력 있는 인플루언서를 선호하는 것도 이해가 됩니다. 하지만 그럼에도 불구하고 기회는 누구에게나 열려 있습니다. 저처럼 블로그를 꾸준히 운영하며 글을 쌓아온 사람에게는 그동안의 기록이 곧 신뢰이자 포트폴리오가 되어 줍니다. 출간 계획서를 완성하고 나면, 이제는 그것을 실제로 보내야 할 시간입니다.

컴퓨터 화면 속 PDF 한 장, 그 안에 담긴 글과 이름, 그리고 '작가가 되고 싶다'는 간절한 마음으로 적어 보세요. 출판사에 메일을 보낸다는 건 단순히 파일을 전송하는 일이 아니라, 나 자신을 세상에 처음으로 소개하는것입니다. 저는 그 과정을 마치 취업 준비처럼 진지하게 받아들였습니다. 이건 나를 소개하는 이력서이자 자기소개서라고 생각했습니다. 그래서 조용히 책상 앞에 앉아 메일을 쓰기 시작했고, 출판사의 홈페이지를 일일이 찾아가며, 집에 있는 책들의 판권 정보를 확인해 출판사 이름과 이메일 주소를 하나하나 정리했습니다. 그렇게 15곳의 출판사에 메일을 보냈고, 기다림이 시작됐습니다.

메일을 보내는 순간은 마치 이력서를 제출한 취준생의 마음처럼 떨렸습니다. 클릭 한 번으로 끝나는 일이지만, 그 이후의 시간은 결코 가볍지 않았습니다. "답장이 올까?", "내 글은 너무 평범하지 않을까?"라는 생각이 끊임없이 맴돌았습니다. 그 시간 동안 저를 대신해 움직이고 있었던 건 단 하나, 출간 계획서와 그 안에 담긴 진심이었습니다. 저는 다시 그 문서를 열어 보며 조용히 되물었습니다. "왜 나는 이 책을 써야 하는가."라는 질문은 단지 출판사를 설득하기 위한 논리가 아니라, 제가 이 글을 써야 하는 이유를 제 자신에게 확인하는 과정입니다.

  작가가 되고 싶어서, 혹은 작가라는 목표를 이루기 위해서가 아니라, 살아온 이야기와 버텨낸 시간들, 그리고 다시 시작한 삶을 나누고 싶었어요. 출간 계획서를 쓰며 저는 제 삶을 수십 번 되짚었습니다. 그 과정속에서 알게 된 사실은 내가 왜 이 글을 써야 하는지가 더 중요하다는 것 이었어요. 그리고 그 물음의 끝에서 저는 제 글이 단순한 콘텐츠가 아니라 삶의 일부라는 사실을 실감하게 되었습니다. 출간은 마치 그 삶의 여정을 따라 이어지는 선 끝에 있는 작은 불빛처럼 느껴졌습니다. 보이지만 쉽게 닿지 않는, 그러나 분명히 존재하는 희미하지만 따뜻한 목표였습니다.

  저는 출간 계획서를 다시 작성해서 15곳의 출판사에 메일을 보냈고, 그 중 2곳에서 연락을 받았으며, 한 곳과 최종 계약을 체결했습니다. 단순히 운이 좋았다고 말하기엔, 그 전에 저는 수백 편의 블로그 글을 쓰고, 전자책을 두 권이나 출간하며 매일 글쓰기를 통해 성실함을 쌓아왔습니다. 계약은 하나의 결과였지만, 동시에 또 다른 시작입니다. 출간 계획서를 보낸 그날, 저는 더 이상 단지 '작가가 되고 싶은 사람'이 아니었습니다. 이미 작가였고, 그 사실을 제 글이 먼저 알고 있었습니다. 글을 쓴다는 건 결국 나 자신을 증명해 내는 과정입니다. 어떤 자격이나 타이틀보다 먼저, "나는 왜 이 글을 쓰고 있는가?"라는 질문에 솔직하게 대답할 수 있다면, 우리는 이미 작가의 길을 걷고 있는 것입니다.

📱 '출간 계획서', 어떻게 시작해야 할까요?

QR 코드를 스캔하면, 누구나 쉽게 따라할 수 있는 출간 계획서를 정리한 포스팅으로 연결돼요.

첫 출판사 미팅에서
피드백을 받은 날

 현재 계약한 출판사와 인연을 맺기 전, 다른 출판사와 미팅 자리를 갖게 되었습니다. 드디어 누군가 제 글을 읽었고, 그 글을 통해 저를 작가로 보고 있다는 사실이 믿기지 않았습니다. 긴장된 마음으로 미팅 장소로 향하면서, 머릿속에는 수많은 상상이 스쳐 갔습니다. '바로 계약이 될까?', '좋은 피드백을 받을 수 있을까?', '내 글을 더 좋은 방향으로 다듬을 수 있을까?' 미팅 장소에 도착한 저는 나름의 자신감도 갖고 있었습니다. 지난 1년 이상 매일 글을 써왔고, 블로그 방문자도 꾸준히 늘고 있었으며, 전자책도 이미 두 권을 냈기 때문입니다. '이 정도면 준비가 됐겠지'라는 생각으로 차분히 자리에 앉았습니다. 하지만 그 미팅은 제 자만심을 완전히 무너뜨리는 시간이었습니다. 대표님께서는 제 원고 초안을 살펴본 내용을 조용히 말씀하셨습니다. "전체 기획과 흐름은 흥미롭습니다. 하지만 이야기 구성에는 부족한 부분이 많습니다. 목차 구성력이 부족하고, 독자 타깃이 명확하지 않으며, 시장성도 떨어집니다. 1, 2부와 3, 4, 5부가 완전히 다른 결을 갖고 있어서, 자기 계발로의 방향인지 육아의 방향인지 다시 정해야 합니다. 특히 육아 파트는 힘이 약하고, 콘텐츠로서 설득력이 부족해요."라는 말을 들으며 저는 그동안 제가 공들여 써왔던 원고가 '초안'이 아니라 '초보적인 글'처럼 느껴졌습니다. 제 손은 떨렸고, 머리는 하얘졌습니다. 마음속에서는 여러 감정이 뒤섞였습니다. 부끄러움, 실망, 아쉬움, 그리고 무엇보다도 좌절감이 가장 컸습니다.

그날 밤, 저는 좀처럼 잠들 수 없었습니다. 계속해서 머릿속에 울려 퍼지던 "전체 기획과 흐름은 흥미롭습니다. 하지만, 이야기 구성에는 부족한 부분이 많습니다."라는 말이 계속 머릿속에서 반복 재생되었습니다. 단순한 피드백을 넘어, 마치 제 작가로서의 태도와 자질을 되묻는 질문처럼 느껴졌습니다. "나는 정말 독자를 고려했는가?", "책이라는 형식에 맞는 구조를 고민했는가?", "작가로서 준비가 충분했는가?" 그 모든 질문 앞에서 저는 다시 무릎을 꿇었습니다.

겉으로는 열심히 썼지만, 정작 독자를 고려했는지 자신이 없었습니다. 그럼에도 내 글을 알아봐 줄 거라 기대했던 저 자신이 가장 부끄러웠습니다.

  그런데 시간이 지나고 감정이 조금씩 가라앉자, 대표님의 말속에 담긴 진심이 보였습니다. 그것은 단지 기술적인 조언이 아니라, 결국 작가로서 나의 정체성과 태도를 묻는 말이었습니다. "당신은 어떤 사람으로 기억되고 싶은가?", "독자가 이 책을 읽고 무엇을 얻어 가길 바라는가?"라는 이 단순한 질문을 놓치고 있었던 것입니다. 글을 쓴다는 것은 단순히 내가 하고 싶은 이야기를 하는 것이 아니라, 독자의 시간을 책임지는 일이라는 것을 깨닫게 되었습니다. '작가'라는 말이 다시 다가왔습니다. 작가는 단지 글을 쓰는 사람이 아니라, 누군가의 삶에 작게나마 영향을 주는 사람이라는 사실. 그날 대표님이 건넨 '비밀 하나'는 저를 다시 시작하게 만든 강력한 원동력이 되었습니다. 그날의 상처는 오래도록 제 마음에 남았지만, 돌이켜보면 그 경험이 없었다면 지금의 저는 없었을 것입니다. 그 경험은 단순히 출판 미팅의 실패가 아니었습니다. 그것은 제 인생에서 중요한 전환점이었습니다. 작가라는 이름을 다시 품고, 한 걸음씩 진짜 '책을 쓰는 사람'으로 성장해 가는 계기가 되었습니다. 그렇게 다시, 책상을 정리하고 글 앞에 앉았습니다. 그리고 조용히 다짐했습니다. "이번에는, 진짜 독자를 위한 글을 쓰자." 그리고 조용히 다짐했습니다. "이번엔 진짜 독자를 위한 글을 쓰자."

나를 단련시킨
전자책과 종이책

　첫 출판사와의 미팅을 마치고 나서, 저는 조심스럽게 종이책 초안을 다시 펼쳐보았습니다. 초안이라는 말이 무색할 정도로 글이 부족하게 느껴졌고, 이대로 책 작업을 시작해도 괜찮을지 고민이 따랐습니다. 완성도를 조금 더 높이고 싶다는 마음도 있었고, 시간을 더 들여 다듬고 싶은 욕심도 있었습니다. 하지만 저는 결국 완벽함보다는 완수를 택했습니다. 완벽을 기하려다 보면 시간만 흐르고 실행은 늦어진다는 걸, 전자책 작업을 통해 이미 체감했기 때문입니다. 그래서 저는 가장 먼저 매일 회신을 주었던 출판 계약을 체결했고, 그렇게 제 첫 종이책 집필이 본격적으로 시작되었습니다.

종이책을 쓰기까지의 과정에서, 미리 경험해 두었던 두 권의 전자책 집필은 제게 무엇보다도 큰 자산이 되었습니다. 하루하루 블로그에 포스팅을 올리며 글쓰기 감각을 키우고, 그 글들을 모아 전자책이라는 형식으로 정리하며 저는 나름의 글쓰기 근육을 단련해왔습니다. 이 근육이 없었다면, 종이책이라는 이름 앞에서 저는 아마도 처음부터 위축되었거나 금방 지쳐 포기했을지도 모릅니다. 전자책은 글을 쓰고 다듬고, 구조를 설계하고, 메시지를 정리하는 기초 훈련장이었습니다. 저는 그 안에서 실험하고, 실패하고, 수정하면서 조금씩 글쓰기라는 과정에 익숙해졌고, 그 축적된 경험이 종이책이라는 더 높은 단계로 자연스럽게 이어질 수 있었습니다.

　전자책을 쓰는 동안에는 블로그 글을 비교적 가볍게 묶는 느낌이 강했습니다. 블로그 글은 하나하나 독립된 단편처럼 존재해도 괜찮았고, 간단한 구성만 더하면 전자책이 완성될 수 있었습니다. 하지만 종이책은 달랐습니다. 블로그 글에서 느꼈던 자유로움이나 느슨함이 종이책에서는 허용되지 않았습니다. 전체 흐름을 고려한 구성, 글 사이의 맥락, 스토리텔링과 기승전결, 그리고 감정의 파장까지 글 전체를 하나의 서사로 엮었습니다. 단순히 글을 모으는 것이 아니라, 모든 문장에 의도를 담고 구조를 고민하며 완전히 새롭게 태어나는 과정이었습니다. 그러한 작업은 이전과는 완전히 다른 집중력을 요구했습니다. 그 차이는 직접 경험해 보지 않으면 결코 알 수 없는 일입니다.

종이책은 편집자와 함께 만들어가는 과정이기에 더 흥미로웠습니다. 혼자서 전자책을 만들 때와 달리, 이번에는 출판사에서 한 분의 편집자를 배정받아 원고를 함께 점검하고, 글의 방향과 흐름을 끊임없이 조율하며 집필을 이어 갔습니다. 저는 그 과정에서 제 글을 더 객관적으로 바라볼 수 있었고, 누군가와 글로 소통하며 피드백을 주고받는 일이, 얼마나 깊이 있는 성찰을 가능하게 하는지 새삼 느꼈습니다. 전자책을 쓸 때는 혼자서 모든 걸 판단하고 결정했지만, 종이책에서는 혼자의 생각으로는 놓치기 쉬운 부분들을 편집자와의 협업을 통해 보완했습니다. 글을 다듬는 일은 단순히 문장을 다듬는 것을 넘어서, 글의 중심을 잡고 독자와의 거리를 조율하는 정교한 설계라는 걸 배웠습니다.

종이책을 쓰는 일은 마치 집을 짓는 일과 같다고 생각했습니다. 블로그 글은 벽돌 한 장 한 장이고, 전자책은 그것을 벽 단위로 쌓아 올리는 느낌이라면, 종이책은 그 벽들 사이를 잇고 문을 만들고 지붕을 얹으며 하나의 구조물을 완성하는 일과 같았습니다. 기초공사부터 인테리어까지 전 과정을 스스로 해내야 하기에 쉽지 않지만, 그만큼 더 설레고 성취감도 컸습니다. 저는 이 글쓰기를 단순한 글쓰기 훈련이라기보다는 하나의 건축 작업이라고 여겼고, 매일의 글쓰기를 작은 벽돌처럼 차곡차곡 쌓아 올렸습니다.

전자책에서 종이책으로 넘어오기까지의 약 한 달여 시간 동안, 제 글쓰기 모드는 또 한 번의 변화를 맞았습니다. 포스팅 중심의 글쓰기에서 전체 서사를 설계하는 집필 방식으로 옮겨가며, 기존의 글쓰기 습관과 태도도 조금씩 바꿨습니다. 짧은 호흡으로 마무리하던 글의 마침표는 더 긴 호흡의 흐름으로 이어졌고, 짧은 감정을 기록하던 습관은 이제 메시지를 중심으로 구조를 짜는 방식으로 바뀌었습니다. 솔직히 말하면, 빠르게 전자책에서 종이책으로 넘어온 만큼 다소 내용이 불충분하거나 미흡하게 느껴지는 순간도 있었습니다. 하지만 그럴수록 저는 멈추지 않고 '쓰기'를 선택합니다. 미흡하더라도 꺼내고, 받고, 다듬고, 다시 쓰는 그 단순한 반복 속에서 저는 조금씩 '작가'로 성장해 가고 있습니다.

완벽하지 않아도 됩니다. 처음부터 모든 걸 완벽하게 준비할 수는 없으니까요. 중요한 건 결국 시작하는 것이고, 쓰는 자리에서 꾸준히 버티는 것입니다. 저는 그렇게 첫 번째 종이책의 문을 열었습니다. 전자책이 글쓰기의 감각을 잡아주었다면, 종이책은 제 안의 깊은 이야기를 깨우고 꺼내도록 도와주고 있습니다. 글이 삶을 만든다는 말은 단지 멋진 수사가 아니라, 제가 지금 체감하고 있는 아주 실제적인 변화입니다. 그렇게 저는 오늘도 부족한 글을 쓰며 조금씩 책의 형태를 완성해 가고 있습니다.

매일 한 줄로 쌓아 올린
작가라는 이름

　책을 쓰는 동안 "내가 이걸 끝낼 수 있을까?"라는 생각을 수없이 되뇌었습니다. 매 꼭지마다 쓰고 지우기를 반복했고, 어떤 날은 한 문장을 적는 데도 오래 망설였습니다. 완성보다 포기가 더 쉬운 날도 많았습니다. 심지어 모든 내용을 뒤엎고 새로 쓰느라, 한동안 아무것도 손댈 수 없는 순간도 있었습니다. 하지만 어느 날, 문득 이런 생각이 들었습니다. 그만둘 수 없는 이유는, 시작했기 때문이라는 사실이죠. 거창한 각오보다 더 큰 힘이 되어준 건, 그저 '매일 쓰겠다'고 다짐했던 제 약속이었습니다. 저는 그 약속 하나를 끝까지 붙들고 있었습니다.

　이 책을 쓰기 전, 저는 블로그 포스팅부터 기사, 전자책,

SNS 글, 짧은 메모까지 여러 형태의 글쓰기를 경험했습니다. 블로그 포스팅, 뉴스 기사 글, 전자책, SNS 글, 짧은 메모들. 그 모든 조각들이 제게 '작가'라는 이름을 향한 연습이었다는 걸 이제야 알겠습니다. 종이책을 쓴다는 건, 자신의 이야기를 한 권에 담아 세상에 내놓는 일입니다. 동시에, 내가 어떤 사람인지 설명하지 않아도 보여줄 수 있는 방법이기도 합니다. 저는 이 책을 통해, 저 자신을 이해했고, 제 삶을 정리했고, 결국 저를 더 사랑하게 되었습니다.

저는 어릴 적에 공부를 잘하지 못했습니다. 그래서 항상 아버지의 기대에 미치지 못해 늘 죄송한 마음을 가지고 있었습니다. 아버지는 고등학교 시절 전교 10등 안에 들 정도로 공부를 잘하셨지만 집안 형편상 대학 진학은 하지 못하셨습니다. 그래서인지 제가 지방 전문대에 입학했을 때, 아버지는 학비를 내러 은행에 가서 학교 이름이 찍혀 있는 고지서를 직원에게 내미는 게 부끄러웠다고 하셨습니다. 저 역시 그 말이 오래도록 마음에 남아 있었습니다. 그래서였을까요? 좋은 대학, 좋은 회사, 성과, 그리고 작가가 되기까지의 여정에는 언제나 '아버지께 인정받고 싶다'는 마음이 있었습니다. 이번 책 출간 소식을 전했을 때, 아버지께서 짧지만 깊은 말을 건네셨습니다.

"아들아, 장하다."

 그 한 문장은 그동안의 노력과 애씀, 숨겨져 있던 자격지심까지 조용히 감싸주었습니다. 그동안의 노력과 애씀, 마음속에 숨어 있던 자격지심과 부족함까지도 조용히 안아주는 듯했습니다. 세상을 향한 증명이 아니라, 아버지에게 인정받고 싶은 마음에서 그리고 어쩌면 그 말 한 줄을 쓰기 위해 존재했는지도 모르겠습니다. 이제는 글이 저를 데려다 놓은 이 자리에서, 조용히 돌아보고 있습니다. 치열하게 살아낸 시간들, 버텨온 이야기들, 그 사이에서 끝까지 놓치지 않으려 했던 저만의 문장들. 누군가에게는 보잘것없는 하루의 기록이었겠지만, 저에게는 살아 낸 날들의 증거였습니다. 글은 늘 제 옆에 있었고, 저는 글을 통해 제 삶의 방향을 찾았습니다.

 책을 쓴다는 건, 결국 '내 삶을 쓰는 일'입니다. 과거의 나와 대화하고, 지금의 나를 안아주며, 미래의 나에게 길을 건네는 일입니다. 그래서 저는 오늘도 다시 펜을 듭니다. 여전히 두렵고, 여전히 미숙하지만, 이제는 알고 있습니다. 제가 쓸 수 있는 이야기들이 있고, 그것이 누군가에게 작은 울림이 될 수 있습니다. 이 책의 마지막 장을 쓰는 지금, 저는 '완성'보다 '지속'이 더 중요하다는 걸 확신합니다. 멈추지 않고 써 내려간 매일의 한 줄이, 결국 저를 이 자리까지 데려다 놓았습니다. 다음 페이지를 어떻게 채울지는 아직 모르지만, 적어도 이 문장만큼은 분명히 말할 수 있습니다.

"결국, 글이 저를 여기까지 데려다 놓았습니다."

에필로그

우리가 함께 쓴
가장 따뜻한 기록

 이 책은, 글을 쓰며 자신을 되찾아간 아빠와 딸과 함께 시간을 다시 살아낸 여정의 기록입니다. 완벽해서가 아니라, 멈추지 않았기에 여기까지 올 수 있었습니다. 그리고 그 여정의 마지막 페이지에는, 작가가 아닌 '아빠'로서 가장 듣고 싶었던 한 문장이 조용히 도착해 있었습니다.

2025년 하린이에게 가장 행복했던 순간

 우리 아빠는 항상 바빴다. 밤 늦게까지 술을 마시고 들어오고, 우리와 놀아 주는 일이 거의 없었다. 주말이면 겨우 키즈카페나 놀이터에 따라나왔지만, 늘 피곤해 보였고, 마음은 늘 다른 곳에 있는 것처럼 느껴졌다. 다솜이네 아빠는 평일에도 놀이터에서 같이 뛰어노는데, 우리 아빠를 볼 때면 왠지 모르게 서운한 마음이 들었다.

그런데! 그런 아빠가 달라졌다.

'육아휴직'이라는 말이 나는 정확히 모르지만, 아빠가 매일 집에 있다는 것만으로도 마음이 든든해졌다. 아침마다 함께 밥을 먹고, 등교길에 손을 잡고 걸었다. 방과 후엔 도서관에도 같이 가고, 가끔은 함께 그림도 그렸다.

2024년, 가장 행복했던 순간을 떠올리면 롯데월드에서 아빠와 함께 탔던 '신밧드의 모험'이 생각난다. 무섭고, 짜릿하고, 너무 재밌어서 8번이나 탔던 놀이기구. 그때는 정말 세상에서 가장 즐거운 시간이었다.

하지만 2025년, 나는 생각이 조금 달라졌다.

그런데 책을 읽고, 그림을 그리고, 이야기책을 만들던 조용한 시간들도 떠오른다. 아빠와 도서관을 오가며 나눈 소소한 대화들. 어쩌면 그때가, 진짜 행복했던 순간이었는지도 모른다.

아빠는 원래 착한 사람이란 건 알고 있었지만, 우리에게 이렇게까지 다정한 사람이란 건… 이번 해가 되어서야 비로소 알게 되었다.

2025년
나의 가장 행복했던 순간은
바로 '아빠의 육아휴직'이었다.

(부록 1)

하루씩 쌓인 이야기,
30일의 기록

오랜 시간 독서를 하며, 오로지 저만의 이야기와 책만을 떠올리고 있었습니다. 그러던 어느 날, 우연히 어린이 도서관에서 아이들의 책을 보았고, 문득 이런 생각이 떠올랐습니다. "딸과 함께 책을 읽으면 어떨까?"라는 단순한 물음 하나가 제 생각을 완전히 바꿔 놓았습니다. 그날부터 딸과 저는 하루에 한 권씩 책을 함께 읽었습니다. 처음 책 읽기를 어려워하던 아이가, 점차 자신의 생각과 감정을 글과 그림으로 표현하기 시작했습니다. 아이와 함께 그림과 글을 쓰며 아이의 생각을 한 장 한 장 정성스럽게 채워 나갔습니다. 어느새 저희는 '부녀 작가'가 되어 있었습니다.

함께한 30일의 기록을 다시 펼쳐보며, 유독 오래 기억에 남은 다섯 권을 골랐습니다. 어떤 책은 상상력을 자극했고, 어떤 책은 감정을 더 솔직하게 표현하게 해 주었으며, 또 어떤 책은 서로를 더 깊이 이해하게 해 주었습니다. 아이의 눈으로 보고, 아빠의 마음으로 되새긴 다섯 권의 책이었습니다. 책을 함께 읽는다는 것은, 같은 문장을 다르게 받아들이면서도 결국 마음으로 연결되는 일이라는 걸 알게 되었습니다. 그렇게 저희는, 다정한 독서라는 다리를 통해 서로의 세계를 천천히 이어가고 있었습니다. 이 다섯 권의 책은 그 연결의 순간들을 가장 따뜻하게 담아낸 이야기들입니다. 아빠와 딸이 함께 책을 읽으며 작가가 되어 간 여정 중, 가장 빛났던 장면들입니다.

순번	책이름	일차	책이름
1	준치가시	16	동생 없는 날
2	앗, 깜깜해	17	으라차차 라면가게
3	감자 이웃	18	입이 똥꼬에게
4	기분을 말해 봐!	19	아빠 어릴 적 눈이 내리면
5	용돈주세요	20	골목 안 골동품 가게
6	달샤베트	21	네모세모 체육시간
7	토끼가 너무 많아	22	수상한 과자가게
8	튤립 호텔	23	찍찍찍 마을 옥수수 축제
9	지난여름	24	태양 왕 수바
10	추억은 그릇그릇	25	할머니네 방앗간
11	호랭면	26	삐딱이를 찾아라
12	오늘도 해바라기	27	겨울 이불
13	코끼리 놀이터	28	모두 모두 자란다
14	냉장고가 사라졌다!	29	쿵쿵 아파트
15	츠츠츠츠	30	옛날에도 결혼식을 했을까

1일 차: 준치가시	2일 차: 앗, 깜깜해	3일 차: 감자 이웃	4일 차: 기분을 말해 봐	5일 차: 용돈 주세요
6일 차: 달샤베트	7일 차: 토끼가 나무 많아	8일 차: 둥글 호텔	9일 차: 지친 여름	10일 차: 주인은 그릇그릇
11일 차: 호랑면	12일 차: 오늘도 해바라기	13일 차: 코끼리 놀이터	14일 차: 냉장고가 사라졌다	15일 차: 쯧쯧쯧쯧
16일 차: 동생 없는 날	17일 차: 으라차차 라면가게	18일 차: 힘이 둥!둥꼬끼게	19일 차: 아빠 어릴 적에 눈이 내리면	20일 차: 골목 안 공룡돌 가게
21일 차: 네모네모 체육시간	22일 차: 수상한 과자가게	23일 차: 쩍쩍쩍 마음 옥수수 축제	24일 차: 태양 왕 수바	25일 차: 할머니네 방앗간
26일 차: 빼뚝이를 찾아라	27일 차: 겨울이불	28일 차: 모두모두 자란다	29일 차: 콩콩 이파트	30일 차: 옛날에도 결혼식을 했을까?

부록 | 261

Best 1 『달샤베트』, 스토리보울

책 줄거리

한여름, 땡볕 아래 해가 점점 녹아내리기 시작한다. 사람들은 그것을 얼음처럼 퍼 담아 먹기 시작하고, 마침내 세상은 달콤하고 따뜻한 '해 샤베트'로 가득 찬다. 햇살이 녹은 자리에는 시원한 바람이 불어오고, 사람들의 얼굴엔 다시 웃음이 번진다. 이상기후처럼 낯설지만 포근한 변화 속에서, 자연과 함께 살아가는 상상력이 펼쳐진다. 그림만 봐도 시원해지는 여름 그림책, 마음까지 녹이는 감성 판타지다.

책 선정 이유

아이는 이 책을 읽고 "해가 녹아서 먹으면 따뜻해져"라고 말했다. 얼음을 먹으면 차가워지는데, 해를 먹으면 따뜻해진다는 그 말에 나는 한참을 웃었다. 동시에, 이 책이 얼마나 풍부한 상상력을 자극하는지 실감했다. 이야기의 설정이 단순하면서도 몰입도가 높아, 아이도 처음부터 끝까지 눈을 떼지 않고 읽었다. 현실과 환상이 자연스럽게 섞여 있어, 상상과 표현을 넓히고 싶은 아이에게 추천하고 싶은 작품이다.

독서 팁

"네가 해 샤베트를 먹는다면 어떤 맛일까?"라고 물어보며 대화를 시작해 보자. 직접 상상한 해 샤베트를 그림으로 표현해 보거나, 색종이나 솜을 활용해 입체적으로 만들어 보면 더욱 재미있다.

Best 2 『감자 이웃』, 고래이야기

책 줄거리

동네에 사는 할아버지가 마당 한가득 감자를 심어 이웃과 나누며 관계도 서서히 변해간다. 감자를 받은 이웃들은 각자의 방식으로 음식을 만들어 할아버지에게 나누며 따뜻한 공동체의 느낌을 준다. 감자는 단순한 작물이 아니라 마음을 전하는 매개체가 되고, 소외되었던 사람들 사이에 다정한 연결이 생긴다. 텃밭에서 시작된 작은 나눔이 동네 전체에 퍼지며, 잊고 지냈던 '이웃'의 의미를 다시 깨닫게 해 준이다. 고요한 일상 속에서 피어나는 온기와 사람 냄새가 가득한 그림책이다.

책 선정 이유

아이는 "할아버지가 착했다. 할아버지 덕분에 사람들이 친해졌다. 너무너무 재미있다."고 말했다. 감자를 나누며 이웃이 하나 되는 과정이, 아이에게도 따뜻하게 전달된 듯했다. 나는 감자라는 평범한 소재로 관계의 회복과 나눔을 말하는 이 책의 메시지가 좋았다. 이야기 전체에 흐르는 정서가 소박하고 정감 있어서, 아이와 함께 읽기에 부담이 없었다.

독서 팁

감자를 삶거나 그리면서 "우리도 감자 이웃이 되어 볼까?"라는 질문을 던져보자. 감자 요리를 함께 하며 이웃이나 가족과 나누는 활동으로 확장하면 책의 메시지를 생활 속에서 경험할 수 있다.

Best 3 『츠츠츠츠』, 사계절

책 줄거리

털숭숭이와 마시멜로는 엄마를 찾기 위해 신비한 숲으로 모험을 떠난다. 예상치 못한 위험 속에서 마시멜로는 털숭숭이를 구하고, 그 과정에서 진짜 가족의 의미를 발견하게 된다. 두 친구는 낯선 환경 속에서도 서로를 믿으며 점점 더 깊은 유대감을 쌓아간다. 숲 속 생명체들과의 만남은 두려움보다 따뜻함을 전해 주고, 여정의 끝에서 그들은 더 이상 혼자가 아님을 깨닫는다. 사랑과 용기, 그리고 함께한다는 것의 소중함을 말해 주는 숲속 판타지 동화다.

책 선정 이유

아이는 이 책을 읽고 "털숭숭이랑 마시멜로가 엄마를 찾으러 갔다가, 마시멜로가 털숭숭이를 구했어"라고 말했다. 단순한 모험 이야기인 줄 알았는데, 이야기가 전개될수록 아이가 책 속에 빠져들었고, 마지막엔 엄마를 찾았다는 사실에 기뻐했다. 나는 책의 리듬감 있는 문장과 소리 나는 표현들이 특히 인상 깊었다. 읽는 맛이 있는 책이라, 아이가 직접 읽으며 말의 재미를 느끼기에 좋다고 생각했다.

독서 팁

"너라면 털숭숭이 대신 어떤 친구와 모험을 떠날래?"라고 물어보며 상상력을 넓혀보자. 책의 반복되는 음절이나 표현을 따라 읽고, 아이만의 리듬으로 바꿔 보는 활동도 재미있다.

Best 4 『쿵쿵 아파트』, 창비

책 줄거리

 낡고 오래된 아파트가 '쿵쿵' 소리와 함께 무너지고, 그 자리엔 새롭고 멋진 아파트가 세워진다. 무너지는 과정 속에서도 이웃들은 서로를 위하며, 변화 속에서 희망을 만들어 간다. 사라지는 것에 대한 아쉬움과 새로움에 대한 설렘이 교차하는 순간, 아이의 시선으로 본 변화는 낯설지만 따뜻하다. 소음 속에서도 이어지는 인사와 웃음, 그 속엔 사라지지 않는 공동체의 정이 담겨 있다. 도시의 재개발을 배경으로, 이웃과 함께하는 삶의 의미를 따뜻하게 그려 낸 그림책이다.

책 선정 이유

아이는 이 책을 읽고 "집이 망가졌지만 더 멋진 집이 만들어졌어"라며 무너짐을 두려워하기보단 변화의 끝을 긍정적으로 받아들였다. 무너지는 소리와 장면에도 무서워하지 않고, 오히려 다음이 궁금하다고 했다. 나는 책 속 '쿵쿵'이라는 반복되는 소리 표현에 아이가 집중하는 모습을 보고 놀랐다. 평소 소리와 움직임에 민감하게 반응하는 아이에게 이 책은 오감을 자극하는 좋은 독서 경험이 되었다. 변화가 불안이 아닌 기대가 될 수 있다는 메시지가 자연스럽게 전달되었다.

독서 팁

아파트가 무너지는 소리를 몸으로 표현해 보거나, 박수를 치며 '쿵쿵'의 리듬을 따라해 보자. 새로 짓고 싶은 나만의 집을 상상해 그리고 이야기로 붙여보면 창의적인 활동으로 확장할 수 있다.

Best 5 『준치가시』, 창비

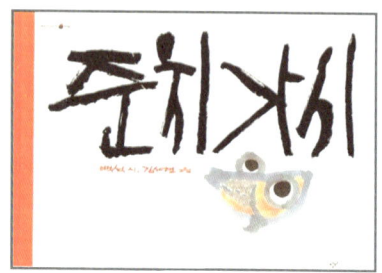

책 줄거리

준치라는 생선은 가시가 너무 많아 아무리 잘 발라도 입 안에 가시가 남기 마련이다. 이 이야기는 가시처럼 쉽게 빠지지 않는 말과 감정을 통해, 사람들 사이의 상처와 이해를 조용히 이야기한다. 가족이나 친구 사이, 무심코 던진 말이 마음에 오래 남는 순간들을 섬세하게 포착한다. 말하지 못한 진심과 뒤늦은 후회의 감정을 따라가며, 우리는 어떻게 서로를 더 잘 이해할 수 있을지 묻는다. 단단하지만 먹먹한 여운을 남기는 감성적인 그림책이다.

책 선정 이유

아이는 이 책을 읽으며 "내가 가시 많은 물고기라면 친구들이 놀랄 것 같아"라고 말했다. 단순한 생선 이야기로 보였던 책이, 아이에게는 자기 감정을 은유적으로 표현하는 창이 되어 주었다. 나는 그 말을 듣고, 아이가 벌써 타인의 시선과 감정을 상상하고 있다는 사실에 놀랐다. 감정을 다룬 그림책 중에서도, 이 책은 꼭 함께 읽어야 할 작품이라 느꼈다.

독서 팁

"너는 언제 마음에 가시가 생겨?"라고 아이에게 조심스럽게 물어보자. 함께 그림을 그리며 '우리 안의 가시'를 상상해 보는 놀이로 확장하면, 감정 표현에 대한 대화가 자연스럽게 이어진다.

> 부록 2

아이와 함께 만든 동화책 :
반짝반짝 보석 이야기

 이 이야기는 한 달간 아빠와 딸이 함께 책을 읽고, 글을 쓰며 만들어낸 첫 번째 동화책입니다. 매일 한 권의 책을 함께 읽고, 아이가 그날의 감정과 상상을 그림과 글로 표현한 작은 기록들이 쌓여 하나의 새로운 이야기가 되었습니다. 독자 여러분께서는 이 책을 통해 가족이 함께 나눈 창작의 시간, 그리고 평범한 일상이 어떻게 특별한 이야기로 바뀌는지를 느껴보시길 바랍니다.

> 부록 3

주요 출판사 투고 리스트

  출판을 준비할 때는 자신의 글과 잘 맞는 출판사를 찾는 것이 무엇보다 중요합니다. 분야별로 성격과 색깔이 다른 만큼, 그에 맞는 투고 전략이 필요합니다. 이 리스트는 분야별 특성을 고려해 분류한 자료로, 독립출판부터 에세이, 어린이 책까지 다양한 길을 살펴볼 수 있도록 구성했습니다. 작가가 되기 위한 첫걸음은, 나의 이야기를 어디에 어떻게 전할지를 아는 데서 시작됩니다. 이 리스트가 누군가의 출간 여정에 작은 이정표가 되기를 바랍니다.

구분	출판사명				
	경제경영	자기계발	문학&에세이	육아관련	실용서
1	RHK코리아	리더북스	들녘	다산에듀	광문각
2	김영사	마인드빌딩	모모북스	마인드빌딩	교보문고
3	다산북스	북라이프	문학동네	북고	길벗
4	더퀘스트	상상스퀘어	민음사	북폴리오	넥서스
5	북스톤	스노우폭스북스	샘터	빌리버튼	로그인
6	비즈니스북스	슬로디미디어	열린책들	상상아카데미	부키
7	시그마북스	열림원	웅진지식하우스	설렘	북고
8	쌤앤파커스	유노북스	월북	성안북스	비타북스
9	원앤원북스	좋은습관연구소	창비	소울하우스	서교출판
10	위즈덤하우스	차이정원	책만드는집	슬로래빗	성안당
11	청림출판	토트출판사	푸른향기	유아이북스	싸이프레스
12	트러스티북스	팬덤북스	해냄	제이포럼	중앙북스
13	페이퍼북스	프레스북스	현대지성	카시오페아	한빛미디어
14	한스미디어	필름	혜지원	한빛라이프	혜지원
15	황금부엉이	해냄	황금가지	한울림	흐름출판

📧 **더 많은 출판사 메일주소와 정보가 궁금하셨죠?**

아래 QR 코드를 스캔하면, 친절한 기훈씨의 채팅방으로 바로 연결돼요.